AF131555

SANDRILLON

Zannie

Merci à tous ceux qui, avec élégance et tout au long de ce parcours, m'ont accompagnée et supportée sans me tenir rigueur de mes écarts. Ils se reconnaîtront

Il y a des gens qui nous aident à rester en vie
en bonne santé et résilients
ça vaut le coup de les rencontrer.
Sam   Owen

Puteaux, fin de l'année 2021

En me lançant dans l'écriture, j'ai conscience de m'aventurer sur un chemin inconnu le long duquel je ne voudrais pas me ridiculiser. J'ai la ferme intention de raconter mon histoire, celle que j'ai vécue avec mes proches. Sans prétention, j'aimerais communiquer mon expérience à ceux qui n'osent pas s'avouer leur souffrance et ont perdu l'espoir d'y remédier. Je souhaiterais réussir à me livrer un peu plus auprès de ceux qui me connaissent, casser la carapace, fendre l'armure. L'heure est aux confidences.

Mon récit ressemble à un conte de Perrault. Il est plein de sombres péripéties qui s'achèvent sur une éclaircie. Mais il n'a rien d'un conte ni d'un roman, il est le reflet de la réalité avec ses joies, ses larmes et ses regrets. L'écriture est la démarche que j'ai choisie pour avancer sur la voie de la résilience. Même si celle-ci n'a rien effacé complètement, elle m'a aidée à évacuer la douleur des pires souvenirs dont l'écho perturbait mes jours et mes nuits. Elle m'a aussi permis de retrouver des scènes complètement enfouies dans ma mémoire. A mon grand étonnement, elles resurgissaient sous forme de flashes comme pour me permettre de les intégrer à mon récit.

Poursuivre ce projet en exposant ma vie m'amenait à perdre une partie de moi, de mon intimité, de ma discrétion si bien entretenue. J'avais beaucoup de réticences à admettre que j'étais "poussée" à le faire. Une trace précise devait être mise à jour, même si elle allait continuer à me coller à la peau comme une longue bave d'escargot encore visqueuse. Les étapes de ma vie ne devaient pas m'échapper. Ne pas les voir attestées, écrites noir sur blanc, aurait pu me faire douter que toutes mes démarches administratives aient vraiment existé.

Je suis persuadée qu'il n'y a pas de petite ou grande souffrance, pas de hiérarchie dans la douleur. Je sais que je n'ai pas eu l'enfance la plus malheureuse qui soit (j'ai même eu la chance d'être adoptée), mais chacun résiste plus ou moins selon sa sensibilité et les toutes premières années sont capitales pour déterminer un futur caractère.

Je déteste me livrer. Longtemps j'ai gardé secret ce passé. Mon fils lui-même n'en avait qu'une vague idée et je sentais qu'il ne me posait pas de questions de peur de voir apparaître des larmes humidifier mes yeux et coulant le long de mon visage. Pendant longtemps également j'ai préféré la douleur de la solitude à celle d'un nouvel abandon possible. J'ai refusé des attaches sentimentales pour garder ma liberté. L'idée du mariage me déplaisait. A l'époque, la loi m'aurait fait abandonner mon nom de famille auquel je tenais tellement. Il m'avait été donné avec tant d'amour que je ne voulais pas le perdre.

Aujourd'hui, les années m'ont permis de maîtriser peu à peu mes émotions pour mieux vivre le présent et consolider l'avenir. Personne n'oublie les blessures mais on peut essayer de comprendre ce qui les a causées. Si on replace les faits dans leur contexte, on ne jugera pas à l'aune des mœurs et des ressentis actuels. J'aime à penser, par exemple, que certains politiques, artistes et autres personnages qui ont abusé tranquillement de leur pouvoir dans d'autres temps seraient aujourd'hui complètement discrédités. D'autres comportements, au contraire, sont mieux admis aujourd'hui, ne refaisons pas l'histoire ! Je ne juge pas ma mère, Monique, j'ai appris des choses sur sa vie.

Dans le grenier de ma maison d'enfance, emballés dans des journaux, des restes de mon passé sont encore là. J'ai retrouvé ma poupée Martine et le contour en carton d'un puzzle du corbeau et du renard bien en place (les pièces du jeu ont disparu). Mon compagnon a voulu que je me déleste de ces reliques, il m'a fait jeter les affreux vêtements que je portais quand j'ai quitté le foyer. Je ne sais pourquoi je rechignais tant à m'en séparer. Certaines traces matérielles peuvent être considérées comme superflues puisque tout est gravé dans la tête. Il est illusoire de vouloir faire le vide.

*"Je crois qu'un homme passe sa vie à guérir de son enfanc*e". Jacques Brel l'a pensé comme beaucoup d'autres avant et après lui. Il m'aura fallu presque 50 ans pour reconstituer mes premières années. J'espérais que la vieillesse me permettrait d'oublier, mais je dois

reconnaître à mon tour que les souvenirs les plus anciens sont les plus tenaces.

J'ai admis que l'écriture était un moyen de les adoucir.

Je décide aujourd'hui d'écrire mon histoire de façon chronologique. J'y retracerai mon parcours depuis ma naissance, les recherches laborieuses qui m'ont fait revivre particulièrement le 15 mai 1964, date à laquelle un couple qui allait devenir mes parents m'a adoptée.

LE CIMETIÈRE DE THIAIS

Mercredi 31 octobre 2019

Pas d'hésitation qui tienne, je ne vais pas rater la Toussaint. Non, je ne peux pas me permettre de négliger cette piste, c'est peut-être ma dernière chance. Demain sans faute, j'irai à Thiais dans le Val de Marne. Je partirai à peu près à la même heure que la dernière fois il y a quelques mois déjà, vers 9 h. Il faut que je sois là à l'ouverture. Je crois que j'avais mis plus de 40 minutes pour arriver, c'était le bon horaire pour éviter les embouteillages à la sortie de Puteaux. Je mettrai mon anorak noir, la météo annonce une grosse baisse de la température et je vais forcément me geler pendant toutes ces heures à attendre. Je me souviens que je m'étais vite refroidie, ça m'avait valu un rhume d'ailleurs. Je n'étais pas restée plus d'une heure pourtant, sa tombe m'était rapidement apparue grâce aux indications qu'on m'avait données.

Les battements de mon cœur résonnaient dans ma poitrine en découvrant son nom gravé dans le marbre. C'était bien mon frère qui était là, il ne m'avait fallu que quelques instants pour accepter cette réalité.

La surprise de la découverte remplissait tellement le moment présent que je n'avais pas songé une minute à me recueillir ni à me sentir coupable de garder les yeux secs. Tenir l'affectif à distance, avait été un cadeau empoisonné de ma petite enfance et j'étais déjà largement adulte, quelque peu endurcie, quand j'avais appris son existence. Je ne l'avais jamais côtoyé, même jamais vu, je ne savais rien de sa personnalité, de son vécu. Comment aurais-je pu ressentir un manque, le chagrin de son absence ?

Tout de même, avait-il su qu'il avait une sœur ? M'avait-t-il recherchée ? Lui avais-je manqué ? L'émotion avait commencé à me gagner, je partis sans lui laisser le temps de s'installer. Elle ne manquerait pas d'arriver, pensai-je. De nouvelles zones sombres allaient-elles alourdir un peu plus mon histoire ?

Le succès de cette nouvelle étape récompensait ma persévérance. J'avais eu ce que j'étais venue chercher ici : la confirmation de son existence, de son décès, autrement que par la paperasse administrative. J'avais vu le lieu où il reposait, lu, gravé dans le marbre, son nom (le mien pendant 11 ans avant mon adoption), B..., Philippe, et les dates de sa courte vie 1953-2004. Cinquante et un ans, oui, tellement jeune pour mourir. Tout cela m'aiderait-il à faire le deuil de la famille que je n'avais pas connue ?

C'était bien mon frère aîné qui était là et même si les certificats nous déclaraient tous deux nés de pères différents et inconnus, à 4 ans d'intervalle. je ne voulais pas appréhender la notion possible de demi-frère.

Je reviendrai, m'étais-je dit, je donnerai une nouvelle chance au hasard de me faire rencontrer quelqu'un l'ayant connu. Sur le chemin du retour, les idées ne cessaient de tourner dans ma tête.

Seule notre mère aurait pu nous dire la vérité sur nos géniteurs et nous rapprocher d'une façon ou d'une autre. Sa décision de m'abandonner à ma naissance ne nous avait laissé aucune chance de nous connaître. J'essayai de me représenter l'environnement qui avait pu l'amener à ces extrémités. Dans les années 50 quelles possibilités s'offraient à une jeune mère célibataire, soucieuse, par dessus le marché, de cacher sa seconde maternité à sa famille ?

J'avais lu les rapports dans les dossiers de deux visites qu'elle m'avait rendues chez mes nourrices. Pourquoi n'avais-je gardé aucun souvenir de mes premières années ? Plus rien, par exemple, de sa venue l'année de mes 5 ans, un âge où j'aurais pu me rappeler ce moment fort. On m'a rapporté sa froideur, le fait qu'elle ne m'avait apporté, paraît-il, que quelques friandises sans valeur. Pourquoi avait-elle refusé d'emporter la photo de classe qu'on lui offrait ?

Depuis le début des années 80, bien avant de chercher Philippe, c'est sur cette étrangère que j'essayais de glaner des renseignements pour éclairer mon histoire. Si j'avais déjà franchi un grand pas, je devinais que je n'étais pas au bout du chemin pour autant.

Jeudi 1ᵉʳ novembre 2019

Je suis devant l'imposante grille noire
de l'entrée du cimetière, j'avance
résolument. Je reconnais bien les lieux.
Ça n'a pas été facile de me garer cette
fois. Les familles sont matinales et bien
plus nombreuses. Il y en a bien 4 ou 5
déjà qui s'affairent silencieusement à
chercher de l'eau pour leurs jardinières.
Beaucoup de fleurs déjà. C'est beau
toutes ces couleurs. C'est comme un
jardin dont la symétrie des stèles
rappelle la solennité du lieu.

Tout à l'heure, pour déjouer les heures,
j'arpenterai les allées et je jugerai
l'esthétique des caveaux ! Je me plairai
à imaginer l'éclat passé de ceux qui sont
dégradés ou abandonnés. J'aurai le
temps de déchiffrer les inscriptions
immortalisées à même la pierre ou sur

des plaques, je regarderai les photos, les statues et je me laisserai peu à peu gagner par l'émotion d'avoir remonté le temps, effleuré les chagrins, les drames.

Où est son emplacement déjà ? Ah oui, j'avais noté : division 6, ligne 18, tombe 13 (allée centrale, puis 4e à gauche et 2e à droite). J'y suis. Pas de fleurs ou de messages, je n'ai moi-même rien apporté.

Mes sources de renseignements sont épuisées mais aujourd'hui, jour de Toussaint, il me reste le dernier espoir de voir apparaître un proche venant se recueillir sur sa tombe. Grâce au moindre de ses indices, je pourrai justifier mon entêtement à vouloir relancer mes recherches. Je veux y croire.

10 h 30 - Je vais reprendre la même visite que l'an dernier, allée après allée. Je dois bouger pour ne pas m'ankyloser et ne pas laisser le froid s'infiltrer sous mes vêtements. Je ne peux pas non plus rester plantée là au risque d'attirer l'attention et qu'on me trouve un air louche. Tiens, il me faudra penser à regarder sur Google quel mot qualifie le goût de certains pour les cimetières, je sais qu'il en existe un.

11 h 30 - J'avise déjà un banc pas loin de la travée que je surveille. Vite me poser et consulter Google, (se plonger dans son téléphone donne toujours une contenance). Je recherche : «goût, passion pour les cimetières» ? Réponse : «Tatophilie» ! Vilain mot qui me fait penser à un gros tatou. Vilain mot pour un penchant complètement tordu ! Il ferait beau qu'on me prenne

pour une tatophile ! Poursuivons un peu les recherches : «vient de taphos, sépulture en grec». Taphos est également une île ionienne. J'aurais appris quelque chose ! La journée va être longue, mais longue !

Très vite, plus qu'au banc et à son côté pratique, c'est au grand chêne qui le domine que va ma reconnaissance. Je l'imagine dressé là comme s'il avait été un ami destiné à me protéger ! Il ne fait pas chaud, il a commencé à pleuvoir. Je me sens seule, plus si certaine de voir ma démarche aboutir et c'est un réconfort de penser qu'il va m'abriter aussi longtemps que je resterai là à attendre. Je fais à nouveau des allers-retours de ma voiture à ce grand chêne pour détourner l'attention d'éventuels rôdeurs.

Il était 13 heures passées quand je les ai vues entrer dans l'allée et s'arrêter à l'endroit où mon regard revenait sans cesse depuis des heures.

J'ai pensé que le hasard n'avait peut-être pas sa place ici finalement, que c'était le Destin lui-même qui allait me sourire ! J'allais pouvoir échanger avec des personnes qui semblaient visiblement déterminées à se recueillir.

Deux femmes jeunes, une mère et sa fille sans doute, étaient à quelques mètres de moi. Elles ont posé leur bouquet, nettoyé la tombe. Graves, elles se sont tues un bon moment puis je les ai vues échanger des phrases courtes. Certainement des souvenirs qui remontaient et qu'elles complétaient l'une, l'autre. J'essayais de rester discrète, à distance mais, assez rapidement, j'ai voulu m'avancer pour les aborder avant qu'elles ne repartent.

La chance m'accompagnait elle aussi. Je ne pouvais pas rencontrer femmes plus sympathiques, plus ouvertes. Elles ont vu ma gêne, m'ont mise à l'aise tout de suite. J'avais tout juste eu le temps de leur dire «je m'appelle Sandrine» que la plus âgée m'avait interrompue et dit : «Vous êtes la sœur de Philippe, je voulais tellement vous rencontrer et Philippe aurait tant souhaité aussi pouvoir vous parler». Mes larmes ont coulé tout de suite. Le dialogue s'est engagé très vite. J'ai réalisé plus fort cette évidence que lui et moi, aurions eu tellement besoin de nous connaître, de nous découvrir, tellement de choses à nous raconter.

Même s'il avait eu la chance d'être élevé par sa grand-mère à l'âge de cinq ans, il avait aussi connu un cortège de nourrices. Nous avions été un frère et une sœur longtemps ignorants de l'existence de l'autre, dans l'impossibilité de reconstituer notre histoire, de nous épancher, de nous réconforter mutuellement. Il avait appris mon existence quand il était adulte et il vivait douloureusement de n'avoir aucune information sur moi.

Béatrice, que je découvrais, était la femme qu'il avait aimée longtemps, celle qui avait essayé d'apaiser ses souffrances et l'avait sûrement rendu heureux. D'après ce que je pouvais deviner, c'était bien la femme qui convenait à ce séducteur doté d'un cœur gros comme ça.

Sa fille ne l'avait pas oublié non plus. Pour lui et pour sa mère, elle était présente ici et toutes deux fleurissaient sa tombe chaque 1er novembre depuis 2004.

Ce geste est d'une grande rareté pour des femmes modernes. Chez elles les sentiments commandaient une tradition qu'elles s'étaient donnée et qu'elles respectaient.

A leur contact, j'allais pouvoir apprendre du «vécu» et enfin approcher ma famille biologique en retrouvant les deux sœurs de Monique qu'elles connaissaient bien. Elles rendaient possibles mes recherches futures en dehors de l'Administration et de ses informations désincarnées et taries à présent.

Après cet instant d'émotion je quittai le cimetière plus comblée qu'a mon arrivée. J'éprouvais cependant un sentiment confus entre réalité et fiction, une certaine rancœur mêlée de tristesse ne demandait qu'à m'envahir. Je me souviens que la phrase « qui est-on pour juger » m'était venue à l'esprit, vite assombrie par la pensée que Philippe appelait sa mère « Monique ». Moi, je n'avais même jamais eu à lui donner de nom.

RENCONTRE AVEC MES PARENTS ADOPTIFS

15 MAI 1964

Mon tout premier souvenir remonte au moment le plus capital de mon enfance. J'ai presque 7 ans, c'est le jour de ma rencontre avec ceux qui devaient devenir mes parents.

Seules les bribes décousues qui suivent me reviennent en mémoire. Ma « vie d'avant » est frappée de ce qu'il est courant d'appeler une amnésie traumatique.

Je suis isolée dans un bureau à l'étage d'un bâtiment que je ne connais pas, assise sur une chaise et les coudes reposant sur une petite table en bois collée au mur. Mon attention est retenue par un puzzle du corbeau et du renard entièrement reconstitué, (il est probablement là pour me faire patienter mais je ne joue pas avec). En détournant le regard vers la fenêtre située à ma droite, j'aperçois une voiture qui se gare devant le bâtiment, elle est de couleur beige, j'en ignore la marque.

Je ne me souviens pas avoir descendu l'escalier et pourtant je me vois seule en bas devant la porte d'entrée. J'avance de quelques pas pour me retrouver à hauteur de la voiture, j'ouvre la portière arrière et je découvre une poupée assise sur la banquette. Elle est brune avec des cheveux raides mi-longs, ses yeux bleu azur sont bordés par de longs cils. Ses paupières sont mobiles, son visage, dans l'ensemble, est rond et semble sourire, son corps est potelé. Elle est vêtue d'une robe rouge à manches courtes en velours côtelé fermée par des boutons pressions de même coloris, suffisamment courte pour laisser apparaître ses genoux. Un tricot fait main en laine rouge termine sa tenue. Aux pieds, ses chaussures noires sont maintenues par une bride. Elle "m'attend", je m'assois, on part . A l'avant, au volant et sur le siège passager, deux personnes échangent des mots, je ne vois pas leur visage. Une voix m'interroge "comment veux- tu l'appeler ?". Immédiatement, sans réfléchir, j'opte pour «Martine» et je la bloque contre moi en l'entourant de mes bras. (Je ne saurai jamais pourquoi j'ai choisi ce prénom).

Je ne me rappelle pas le chemin parcouru, ni du temps passé en voiture pour arriver dans la maison de Colombes.

Puis, c'est le soir, la nuit est tombée, je revois juste mon arrivée dans une chambre où je suis seule. Elle me semble immense : un lit, bien fait avec des draps à rayures roses, une armoire, une commode (en bois clair, vintage dirait-on aujourd'hui). Tout me semble bleu et irréel, comme la chemise de nuit aux bleuets en coton léger bien pliée sur le lit. Je pense très fort :«Et tout ça est pour moi ».

Je ferme la porte, Je reste un instant immobile, je fais un tour sur moi-même, je regarde autour de moi ce qui me semble si nouveau. J'ouvre l'armoire, je veux fixer à tout jamais cet instant qui n'appartient qu'à moi.

Puis je décide de me débarrasser des vêtements du foyer qui faisaient de moi une enfant "différente". J'enlève cette jupe plissée écossaise rouge et verte en tissu de laine râpé. De sa ceinture part une bavette tenue par des bretelles du même tissu que la jupe. J'ôte aussi mon chemisier à col rond, mon gilet en laine verte foncé et mes grosses chaussures Paraboot modèle Morzine qui, je me rappelle, étaient beaucoup trop lourdes pour mes pieds. Une chemise de nuit bleue en coton léger m'attend bien pliée sur le lit. Je l'enfile ainsi qu'une robe de chambre matelassée à petites fleurs roses et col Claudine, puis je descends pour le dîner. Je suis une autre personne.

Etait-ce ce premier jour, (le midi, le soir ?) où l'on a mis une orange entière dans mon assiette à la fin du repas ? Je ne connaissais pas ce fruit, elle était coupée en deux et je n'imaginais pas que j'avais le droit de la manger en entier. J'ai posé la question "c'est pour moi toute seule ?" et devant la réponse affirmative de "mes parents", je l'ai engloutie rapidement. Ils me demandaient "que veux-tu manger ?", je répondais spontanément "du lard et des patates", ce que j'avais l'habitude de manger et que me servait ma nourrice ! J'ai découvert ensuite d'autres viandes et j'ai adoré tout de suite le filet de bœuf. Quand nous allions chez le boucher, je tenais à demander moi-même "un morceau dans le filet". J'étais fière et heureuse de pouvoir dire cela.

J'ai découvert les premiers gestes d'amour d'un père et d'une mère par des détails alimentaires. Ils se préoccupaient de ce que je voulais manger, me proposaient des nouveautés. J'avais bien conscience que je comptais pour eux.

Quelqu'un voulait me faire plaisir ! J'allais être bien cette fois, j'étais contente, je ne m'interrogeais pas sur le passé.

Par la suite, pendant longtemps, je me suis posé sans fin les mêmes questions sur ce que j'avais pu ressentir ce jour-là. Elles revenaient, tout-à-fait en désordre, pour entretenir mon espoir de retrouver un petit bout de fil à dévider.

Avais-je été préparée à cette rencontre ? Quels adultes m'accompagnaient ?

Comment était ce bâtiment, quel était son usage ? Pourquoi étais-je à l'étage, avec qui dans ces derniers moments : mon ancienne nourrice, des personnes de l'Administration ? Avais-je joué au puzzle ? L'attente avait-t-elle été longue ? Qu'est-ce que je ressentais, est-ce que je réalisais ce qui allait se passer ? Que me disait-on ? Avais-je trouvé un visage agréable à mes nouveaux parents ? M'étais-je sentie vite en confiance ? Comment s'était passé mon départ, qui avais-je quitté pour monter dans leur voiture ? Avais-je pleuré à ce moment ? Avant ? Y avait-t-il eu des au-revoir, des échanges entre adultes, un dialogue avec moi ? Que m'avait-t-on dit pendant le trajet, est-ce que je répondais ? Etais-je intimidée, peinée, en colère, indifférente ?

Cette journée a été un électrochoc. Ma mémoire, bloquée, l'a gommée en partie, noyée dans le flou, entre rêve et néant. A mes yeux d'enfant tout avait-il été inconsciemment trop douloureux et voué de ce fait à être totalement oublié ? Être anormalement habituée aux changements de nourrices ne pouvait qu'accentuer une confusion déjà courante chez une enfant de mon âge. Trop de lieux, (le 6e au moins en 7 ans), de dates, de noms…

Quelles sensations pourrais-je retrouver de mes premières années ? Je ne voudrais me souvenir que de celles qui ont suivi.

La poupée est encore dans mon grenier avec ses habits d'origine. L'avais-je choisie pour cristalliser mes sentiments ? Si j'ai détruit récemment les habits que je portais à cette époque, elle est tout ce qui me reste de cette première rencontre. J'ai été tentée à plusieurs reprises de m'en séparer, de la quitter pour toujours comme pour dire adieu au passé, mais je ne m'en suis jamais encore sentie prête.

L'ANNÉE PASSÉE À COLOMBES

Je me souviens de la maison de Colombes où nous sommes restés pendant un an environ. C'était un pavillon de banlieue en meulière comme on en avait beaucoup construits à l'époque, bien situé dans une petite avenue très étroite non loin du centre ville. Derrière le grand portail, ma mère pouvait garer sa Dauphine dans la petite cour pavée dont l'usage privé était délimité par plusieurs parterres de fleurs.

Une entrée assez étroite donnait sur la salle à manger dont les murs étaient recouverts d'un papier peint à fleurs à dominante bleue. Un petit couloir conduisait à la cuisine qui s'ouvrait sur le jardin. Des meubles de style ancien occupaient les pièces. Mes parents se rendaient tous les week-ends aux puces de Saint-Ouen pour y acquérir des objets de décoration. A l'époque la mode était au style Louis XV, Louis XVI.

Il n'y avait qu'un étage. Après avoir monté l'escalier en bois, ma chambre se trouvait en face, entre la salle de bains et la chambre de mes parents. Au fond du couloir, dans son bureau, mon père gérait les comptes de son entreprise de peinture. Je n'y allais que très rarement. Quand la porte était entrebâillée, je voyais son imposant bureau en bois clair, il remplissait tout l'espace. Une simple lampe posée sur sa table éclairait la pièce. Ce lieu me paraissait lointain et mystérieux.

Adulte j'ai retrouvé cette maison avec une émotion d'autant plus grande que j'ai pu y entrer grâce à sa nouvelle propriétaire. Je voulais revoir l'endroit qui me semblait très imposant dans mes souvenirs d'enfant. Finalement, elle m'est apparue plutôt petite, avec des pièces exiguës. Je pouvais vérifier que la taille d'un bambin est bien disproportionnée par rapport à la grandeur réelle des choses.

Mon père était un mixte d'une gueule à la Gabin sur la carrure d'un Lino Ventura. Les dialogues du film "Le cave se rebiffe" ou encore ceux d'Audiard dans "les tontons flingueurs" lui plaisaient particulièrement. Il se retrouvait dans la gouaille de Bernard Blier. D'ailleurs, il était né à Montmartre et on l'appelait "Pierrot de la Butte » ! Dans sa jeunesse, je sais qu'il avait beaucoup dansé la java et bien connu les guinguettes, il en parlait avec plaisir et s'en réjouissait encore !

Il ne m'a pas appris seulement l'argot : il écoutait des airs d'opéra, des chants révolutionnaires, des opérettes, Brassens, Brel, Ferrat, Reggiani, il lisait Zola, Dumas, Eugène Sue…, l'Humanité. Il était très ouvert à toutes sortes de culture.

Ses parents (bien que sans beaucoup d'instruction et peu de moyens) l'obligeaient à lire quand il était enfant. Dans les années 1920, avec son frère et sa sœur, tous trois groupés autour du poêle à charbon, ils devaient respecter cette habitude imposée avant de se mettre au lit. C'est ainsi qu'il a lu toute la collection des Mystères de Paris.

Il était très blagueur. Un jour, avec la complicité d'un de ses employés, il me demanda de me cacher derrière la porte d'entrée et surtout de ne pas faire de bruit et de ne pas crier quand arriverait "le nain". Il "est très susceptible" me dit-il. Quand la sonnette retentit, j'ouvris la porte et, dans la rue, je vis un tout petit homme. En s'approchant de moi, il se mit à grandir, grandir, grandir, grandir encore. En fait, il mesurait presque 2 mètres ! En me gardant bien de crier ma stupéfaction, je me suis dit qu'il se déployait comme un accordéon ou comme un paquet de goûters BN emballés individuellement à l'époque ! En fait, il s'était accroupi et relevé progressivement. Il nous raconta par la suite que des passants l'avaient vu et s'étaient étonnés de sa position. Ça l'avait bien amusé.

Les jours étaient rythmés de blagues comme celles-là, celles d'un homme toujours rieur qui mettait de la bonne humeur dans la maison.

De son côté, ma mère avait des principes, elle était aussi exigeante envers elle-même qu'envers les autres. Infirmière à la Croix-rouge pendant la seconde guerre mondiale, puis sténo-dactylo chez un chirurgien ORL à Paris, elle cachait son hypersensibilité sous une forme de distance vis-à-vis de chacun.

Je revois son visage marqué par la tristesse quand je pense à elle. Nous n'avions jamais de moments de câlins, elle était maladroite en paroles. Lors d'une de nos escapades, alors que je m'interrogeais sur mon physique, je lui avais posé « la » question essentielle aux yeux de toute adolescente "est-ce que je suis belle ?". Sa réponse fut sans détour : "Bof". La douche me fut vite administrée ! Je savais que je n'obtiendrai rien d'autre car elle ne cherchait pas à faire semblant. Mais je ne lui en voulais pas car, malgré nos absences d'échanges, ses temps de silence, ses non-dits que je devinais par rapport à son passé et à ses blessures, (son frère s'était suicidé), je voyais combien son amour pour moi était fort.

C'est grâce à elle que j'ai connu l'ambiance d'une salle de théâtre. A l'occasion d'un déplacement à Paris pour un enterrement, elle m'avait fait la surprise de réserver des places pour une opérette «La belle auberge du cheval blanc» avec Luis Mariano. Aujourd'hui ce souvenir est encore présent comme un soirée de plaisir et de découverte, l'acteur principal était vêtu tout de blanc et tous les costumes étaient somptueux.

Un matin, (j'étais en petite section de primaire), j'avais décidé de ne pas aller en classe : je me suis assise par terre dans l'entrée et je n'ai plus voulu bouger ! Les mots gentils ou, au contraire, les menaces « n'y faisaient rien ». Ma mère m'a alors prise par le col de mon manteau et m'a traînée jusqu'à l'école qui était tout au bout de la rue. Je me rappelle sa honte devant l'institutrice d'avoir été obligée d'en arriver là. Moi, bien sûr, j'avais déjà tout oublié en rentrant en classe ! Et même avant, en courant pour rejoindre mes camarades déjà assises, je ne me souviens pas que le moindre remords ait eu le temps de m'effleurer !

J'avais aussi bon cœur, sans réfléchir. Si une camarade me disait «tu as un beau gilet», je le lui donnais aussitôt. «On me l'a demandé», répondrais-je à la maison. Je n'étais pas habituée à avoir des objets personnels.

Je ne crois pas avoir été du genre bagarreuse, mais j'avais toujours à cœur de défendre mes camarades. Un jour, je ne sais plus de quelle façon, une de mes amies s'était fait «ennuyer» : il me fallait absolument punir cette «sale fille» qui s'était attaquée à elle. Sans hésiter, en sortant de l'école, alors que la nuit tombait déjà, je l'ai attendue cachée à l'angle d'une rue. J'allais venger ma copine ! Je lui ai donné une avalanche de coups dans tous les sens avec mes poings. Elle s'est vite enfuie. (Heureusement aujourd'hui, je règle mes conflits de façon plus pacifiste !).

Un autre jour où je contestais son autorité, ma mère avait dû encaisser cette phrase cinglante que je lui avais rétorquée comme un coup de poignard : «d'abord tu n'es pas ma mère». Juste ces quelques mots que les mamans d'adoption redoutent d'entendre un jour prononcés par un enfant souvent inconscient du mal qu'il fait. Je l'avais vue alors quitter la pièce en pleurant. Mon père était allé la consoler et nous n'en avions plus parlé.

C'était comme si j'avais besoin de me venger sur elle. Pourquoi était-elle si gentille avec moi ? Je ne comprenais pas. Sans doute, qu'inconsciemment tous les ordres reçus dans le passé avaient dressé une barrière derrière laquelle je me cabrais. Je ne voulais pas accepter les injonctions. Elle représentait l'autorité. Je la voyais comme «la méchante». C'est elle qui devait payer «l'addition» de l'abandon.

J'avais un regard différent sur mon père. Son côté blagueur me faisait sans doute oublier ce qui me contrariait au quotidien. C'est vers lui que j'allais pour avouer mes bêtises, (par exemple le jour où j'avais passé la main à travers un carreau). Je savais qu'il allait minimiser les faits, cela me rassurait.

Nous allions tous les week-ends à la "Couture Boussey" près d'Evreux en Normandie. Mes parents y possédaient une petite longère et ma grand-mère maternelle y résidait toute l'année.

C'était une femme qui, comme beaucoup d'autres de son époque des années 1900, n'avait pas eu une vie facile. Orpheline à l'âge de 5 ans, elle avait été placée chez les religieuses «des femmes méchantes» à ses yeux et dont elle gardait un très mauvais souvenir. Puis, à 18 ans, son père lui avait choisi un mari du double de son âge. Cet homme travaillait à la SNCF. C'est là qu'il eut l'accident dont elle n'a jamais parlé. Elle s'était retrouvée veuve à 40 ans avec 3 enfants mais je ne l'ai jamais entendu se plaindre de cette époque de sa vie.

J'aimais que ce soit elle qui me coiffe car elle prenait toujours le temps qu'il fallait pour démêler mes cheveux longs et bouclés. Elle prenait soin de ne pas me faire mal et sa tranquillité me rassurait. Je l'ai toujours connue à la maison revêtue d'une robe de chambre mauve à fleurs et d'un châle gris et bordeaux en laine, tricoté à la main, qui recouvrait ses épaules. Ses cheveux gris étaient rassemblés en chignon.

Elle m'a appris à jouer aux dames, elle gagnait toujours. Elle essayait bien de m'apprendre des «coups» pour gagner mais je me lassais rapidement car je préférais être dehors et courir dans les bois.

Les jours passaient tranquillement mais j'avais un peu de mal à m'adapter, j'avais mon petit caractère ! Il était déjà forgé par toutes ces années de passage d'une nourrice à l'autre.

Comme j'étais assez capricieuse et nerveuse, mes parents ont donc suivi les conseils donnés par les médecins lors des visites obligatoires pour le suivi des enfants placés. Ils ont pensé que la campagne serait plus favorable à mon développement car j'étais également trop maigre.

Un jour, le médecin de famille évoqua même l'idée que je doive porter un corset de maintien. Ma mère était prête à quitter son travail afin de me consacrer plus de temps, ils espéraient tous que mon caractère se trouverait «amélioré» par un changement d'horizon.

C'est ainsi que nous avons déménagé après un an de vie parisienne. Mon père a vendu son entreprise située au pied de la tour Eiffel et nous avons embarqué ma grand-mère ! Nous sommes arrivés près de Vichy, en Auvergne, à l'été 65.

Le Bois- Vignaud, était un petit hameau de 3 maisons dans une forêt de sapins. J'allais y rester de mes 8 ans à mes 17 ans.

MA VIE AU BOIS-VIGNAUD

LE BOIS VIGNAUD

C'est un village où mon père venait passer les étés quand il était adolescent. La ville de Paris aidait alors les parents peu fortunés à envoyer leurs enfants en pension dans des fermes du Massif central. Il avait pu profiter de ce dépaysement plusieurs années et avait planté des racines amicales et profondes dans le village. Pas mal de temps après, le hasard avait voulu que la maison soit en vente quand il y était revenu. Le trajet depuis Paris avait duré deux jours en tandem avec ma mère. Leur séjour nostalgique leur avait alors donné le temps et l'envie à tous deux de se porter acquéreurs.

A mon tour, j'allais connaître cette attirance pour les lieux et les gens. La nature m'offrait la possibilité d'un refuge qui se révélerait stable, un lieu existant pour toujours où je pourrais m'ancrer pour goûter la paix avec un sentiment de liberté.

J'y reviens régulièrement aujourd'hui et, dès que je franchis les premières montagnes, je me sens chez moi, protégée, presque invincible. Je pourrais être aveugle, j'en reconnaîtrais presque tous les recoins, les arbres, les pierres, les animaux. J'ai pris tant de fois le petit chemin vicinal où l'herbe pousse en plein milieu. En nous enfermant dans une demie-obscurité, il traverse une couronne de sapins et de chênes et nous amène à parcourir environ deux kilomètres avant de voir apparaître les trois maisons du « Bois-Vignaud » disposées tels les pétales du trille blanc. La nôtre, avec ses volets verts se trouve sur la droite.

Je sais où sont cachées les fraises des bois que je mangeais sur le chemin du retour après la classe, les myrtilles enfouies sous une épaisse couche de feuilles, les girolles qu'on découvre sous les chênes (quand il a plu, mais pas trop, et que derrière il faut attendre un petit rayon de soleil pour les voir apparaître), la maison abandonnée sur le chemin où je m'arrêtais pour me cacher.

Les souvenirs reviennent… Je m'aperçois que certains m'imposent de les conjuguer au présent, comme si je les revivais en direct et que d'autres vont mieux s'accommoder de verbes au passé. Les émotions qu'ils charrient me commandent.

Les premiers jours de notre arrivée je suis partie seule dans les bois sous une chaleur estivale sans prévenir personne ! Comme un petit animal, je voulais découvrir mon nouvel espace. J'ai pris le chemin buissonnier derrière les maisons, traversé le bois et descendu jusqu'à la rivière, je me suis échappée, puis je me suis assise au bord du torrent pour écouter le bruit de l'eau qui s'écoulait sur les rochers en sculptant des petites cascades. J'aimais la senteur des herbes balayées par le ruissellement qui se diffusait dans l'espace. La pureté de l'endroit me plaisait tant que je suis restée là sans avoir la notion du temps qui passait. Et puis je suis remontée !

En me rapprochant de chez moi, j'ai entendu crier mon prénom, j'avais certainement disparu depuis quelques heures. Tout le village m'appelait, on me cherchait partout et mes parents en premier lieu devaient se dire "ça commence bien" !

Je me souviens de m'être cachée derrière un noisetier et d'avoir attendu pour voir si on me chercherait longtemps. Allaient-ils tous abandonner rapidement ? S'ils me cherchaient c'était peut-être parce qu'ils tenaient à moi et que j'étais importante pour eux ? J'avais besoin de savoir pour apaiser mon inquiétude habituelle. Quand j'ai compris que leur angoisse à tous grandissait énormément, je suis sortie de ma cachette. Je n'avais pas conscience de l'absurdité et de la gravité de mon escapade mais j'avais obtenu la preuve que oui, « ils tenaient vraiment à moi ».

Ce n'était pas mon premier coup d'essai. L'année précédente, lors d'un week-end en Normandie, j'étais partie toute seule sur la grande route départementale. Une voiture s'était arrêtée, le conducteur que je ne connaissais pas m'avait demandé s'il pouvait me raccompagner, j'étais montée à côté de lui sans imaginer qu'il pourrait être mal intentionné. Je ne me souviens plus comment j'ai été accueillie par mes parents.

Le souvenir de Madame E... me revient aussi. Cela se passait après l'école, sur le chemin du retour où elle m'attendait tous les soirs. Sa maison se trouvait en haut d'une grande côte, après un lac en contrebas. J'essayais de l'éviter en passant sans faire de bruit devant sa maison car son aspect ne me rassurait pas ! Elle était toute recroquevillée, on aurait dit que son menton touchait presque le sol. D'après moi, elle avait trop travaillé dans les champs à se baisser. Son visage, bruni par le soleil, était lacéré de rides, noires de saleté, ses mains, ridées également étaient sèches et déformées. Je pensais que, comme tout le reste, ses ongles longs, charbonneux, n'avaient pas rencontré de savon depuis longtemps. Tout cela ne me donnait pas envie de m'attarder !

Elle connaissait mon heure de passage, m'arrêtait et me tendait une boîte de gâteaux. Je la trouvais généreuse mais son physique me dégoûtait plus que tout. Hélas, elle insistait pour que j'en prenne au moins un et pour que je le mange tout de suite, devant elle. Je connaissais son « piège ». J'en mordillais donc un petit morceau du bout des lèvres et je prétextais vite que ma mère m'attendait pour m'échapper. Suffisamment loin, je m'empressais alors de le jeter ! Qui blâmer dans l'histoire ? J'avais accepté le gâteau et l'avais jeté, mais cette vieille femme devait bien se savoir inquiétante. Elle jouait de son pouvoir sur moi. J'avais une vague conscience de cette façon de voir les choses…

J'ai passé mon enfance à grimper dans les arbres, attraper des sauterelles, pêcher des têtards dans la mare, cueillir des violettes sauvages pour ma grand-mère. J'étais entourée de lapins, de poules, de canards, des 3 chats et des 4 chiennes de mes parents.

Je n'oublie pas les soirées d'hiver passées à concasser des noix au coin du poêle à bois chez Marcelle, notre voisine. Il y avait Madame Jeanne, sa mère, Monsieur R…, son père, et Julien son mari. Les noix avaient été ramassées quelques jours auparavant et on irait les porter au moulin pour les transformer en huile.

Je revois bien mon école dont j'ai appris dernièrement qu'elle avait brûlé. Elle ressemblait en tous points à celle de «la petite maison dans la prairie», cette série télévisée des années 70 avec Charles Ingalls. Un poêle trônait au milieu de la salle de classe et une seule maîtresse, Madame Corre, assurait tous les niveaux, de la primaire à la troisième. Elle était une de ces anciennes institutrices qui imposaient le silence.

Au cours d'une matinée, une élève qui souffrait d'un léger retard mental n'arrivait pas à comprendre la leçon de mathématiques. Elle l'a empoignée par les cheveux et lui a cogné la tête sur le tableau noir. Ce n'était pas la première fois, j'étais horrifiée par son attitude et je lui ai lancé que j'allais le répéter à mes parents en rentrant chez moi. Connaissant les valeurs de justice de ma mère je suppose qu'elle est intervenue. Ce fut la dernière année où Madame Corre exerça dans notre école. A la rentrée suivante, nous avons «hérité» d'une demoiselle charmante qui nous enseignait la musique classique et des poèmes… en plus des mathématiques !

Dernièrement un ancien élève, devenu à présent boulanger dans le village, me raconta une anecdote que j'avais complètement oubliée et qui nous concernait cette adorable maîtresse et moi. Elle avait reçu une lettre qu'elle avait malheureusement lue pendant la classe alors que nous étions occupés à nos devoirs. Après l'avoir consultée, elle la déchira et la jeta dans la corbeille. Il n'en fallait pas plus pour que je m'intéresse à ce bout de papier. Attendant un moment d'inattention de sa part, je récupérai le document et le reconstituai à la maison avec du scotch en me promettant de le montrer à mes camarades de classe le lendemain. C'était une lettre de son fiancé ! Je ne me souviens pas de notre réaction, mais aujourd'hui j'ai honte d'avoir été aussi indélicate et cruelle (car n'était-ce pas une lettre de rupture ? J'ai un doute aujourd'hui). Je me console en pensant que ce sont des jeux que l'on peut faire enfant sans grande notion du bien et du mal.

Nous nous regroupions dans le préau pendant la récréation. C'est là que j'ai fendillé mes 2 incisives en me cognant sur le poteau central en ciment. Un petit espace réservé dans le jardin situé derrière l'école nous servait de stade d'entraînement pour lancer le poids, (pas trop loin, sinon il arrivait chez le voisin) et pour grimper à la corde à nœuds. Cela semble tellement archaïque et décalé de nos jours.

Après la classe, j'aimais rentrer chez moi par le petit chemin. Les tentations étaient nombreuses. A l'automne, je ramassais les châtaignes tombées des branches et, au printemps il y avait bien d'autres fruits : les pommes, les prunes, et mon fruit préféré : les cerises ! Tellement bonnes mais tellement inaccessibles, je grimpais jusqu'à la cime pour n'en oublier aucune ! C'était la récompense de mon effort et parfois de mon vertige. Je ne pouvais pas m'arrêter d'en manger jusqu'à en attraper des coliques.

Je croisais des écureuils, des chevreuils, je grimpais sur les talus. Je m'écartais facilement du chemin pour suivre les traces d'un lapin de garenne ou d'un renard que j'avais vu s'enfuir mais ils me distançaient toujours rapidement bien sûr ! Je mesure aujourd'hui que le fait de croiser ces animaux devenus rares me faisait vivre une sorte de belle épopée. Des enfants peuvent-ils encore connaître cela de nos jours ?

Je faisais à pied, matin et soir, les deux kilomètres qui menaient à l'école et je prenais tout mon temps. Arrivée à la maison, un chocolat chaud et des tartines de beurre recouvertes de Banania en poudre m'attendaient. J'aimais souffler sur mes tartines pour en faire voler un nuage de chocolat. Je descendais ensuite au bout du pré qui se trouvait en dessous de la maison. J'y rejoignais Marcelle qui gardait ses vaches. Elle m'apprenait à tricoter. Je détestais ça mais je n'osais pas le lui dire. Elle me faisait un peu peur car elle semblait dure, avec un caractère bien trempé comme on disait d'elle. Les hommes du village n'osaient pas la contrarier car elle savait très bien leur «clouer le bec».

Marcelle était handicapée de naissance suite à l'accouchement difficile de sa mère qui n'avait pas pu attendre la sage-femme. A l'époque, il n'y avait pas de voiture et le premier médecin se trouvait à 10 km. Elle me racontait que sa jeunesse avait été faite d'humiliations, qu'on l'appelait «la boiteuse», qu'elle avait souffert des moqueries, et réprimandes de la part des instituteurs et enfants du village. C'était sans doute tout cela qui l'avait rendue un peu acariâtre. Je l'accompagnais quelquefois en bas du pré, à la mare où elle lavait ses draps, ses tabliers, ses torchons puisqu'elle n'avait pas, comme nous, une machine à laver. Je me rendais compte du courage qu'il lui fallait pour manipuler le linge mouillé et le remonter dans des seaux qu'elle portait à bout de bras. Elle est partie l'année dernière, à 90 ans. Elle avait voulu être ma marraine de communion. C'était la dernière personne qui me reliait à mon enfance. Aujourd'hui sa maison est à l'abandon et le village est sans vie.

Je n'oublie pas non plus que, tous les soirs, même l'hiver quand il faisait froid et noir, habillée d'une chemise de nuit et d'une robe de chambre, j'empoignais mon petit bidon de fer dont le couvercle tenait par une chaînette. Je traversais l'étroit chemin qui coupait le village en deux et j'allais dans l'étable de Julien qui trayait, assis au flanc de sa vache, sur un tabouret à trois pieds. Il avait dû le fabriquer lui-même et son bois brillait, tellement il s'était assis dessus ! J'aimais l'odeur du lait chaud qui sortait du pis. Pour me faire plaisir, il me le faisait goûter directement en le dirigeant vers ma bouche. C'était un goût assez fort que je ne retrouverai jamais. Quel moment unique ! Dès que j'étais rentrée à la maison, ma grand-mère le faisait bouillir dans une casserole au fond de laquelle elle avait déposé un rond en verre, «Tu vois, comme ça, ton lait ne débordera jamais». Je suppose que le verre faisait du bruit quand le lait bouillait et que cela servait de repère pour éviter qu'il déborde.

En fonction des saisons les activités étaient différentes. L'automne je regardais Julien fabriquer des sabots en bois pour sa famille et souvent il confectionnait des paniers en osier. Madame Jeanne, sa belle-mère, tricotait des chaussettes en laine assise au coin du poêle.

C'était les années 60, quand même pas le moyen-âge ! Nous étions «les Parisiens», notre maison était équipée d'un lave-linge, de l'eau courante, de la télévision. Mais les fermiers, eux, venaient encore jusqu'au milieu du village, chercher l'eau au puits qui existe toujours. Par fidélité à mes souvenirs, je tiens à y aller remplir mon seau pour arroser mes fleurs.

J'ai eu une enfance pleine de souvenirs simples. J'ai des images de la terre, des récoltes, des moissons l'été, de l'horizon sans fin. Julien labourait son champ avec ses vaches, il m'emmenait sur son tracteur jusqu'au village d'à côté. Quand nous sortions, nous ne fermions jamais la maison à clef, ni même les portes de la voiture (cette habitude me valut bien plus tard de me faire voler un auto-radio quand j'ai habité Paris). L'hiver, quand la neige était tombée toute la nuit, nous ne pouvions pas sortir, je n'allais donc pas à l'école. Quel plaisir de rester jouer au coin du feu ! J'avais des camarades de classe mais je m'amusais seule assez souvent.

Cependant, je me souviens d'un incident un soir de Noël où nous avions fêté l'arrivée du «petit Jésus» chez Marcelle. Après les bouchées à la reine (tellement délicieuses !), la dinde aux marrons cuisinée au poêle à bois, le fromage fait maison et affiné sur de la paille jusqu'à la maturation désirée, frais, demi-sec ou sec et bien évidemment après la bûche pralinée confectionnée par Marcelle, nous étions rentrés chez nous. Quelques mètres séparaient les deux maisons et notre lampe électrique fendait bien l'obscurité. Après avoir franchi le seuil de la porte, je me suis assise sur les marches de l'escalier en bois qui menait à l'étage. Les coudes sur mes genoux, ma tête maintenue par mes poings fermés, j'étais sourde à toute discussion et tout-à-fait décidée à ne plus bouger et à ne pas me coucher.

Quel évènement avait pu traverser mon esprit pour que je me braque ainsi ? Je n'ai toujours pas la réponse. Je me souviens des menaces de ma mère, très énervée, et que mon père, toujours pragmatique, lui avait dit : «laisse-là, elle va finir par monter». Il avait raison. Je me suis fatiguée toute seule au point de m'endormir dans l'escalier ! Au bout de combien de temps, le plus discrètement possible, ai-je rejoint ma chambre ? Le lendemain matin, personne n'en a parlé, c'était comme si ça n'avait jamais existé, tout était oublié. J'étais heureuse, je ne connaissais pas la tristesse. Je vivais en harmonie avec la nature, les saisons, les gens, mes parents. J'avais l'insouciance des enfants, j'oubliais progressivement les années passées.

Tout cela m'a construite sans que je ne me sente l'esclave de besoins démesurés. J'ai découvert à cette époque le plaisir de me sentir libre et de vouloir le rester.

MA RECONNAISSANCE OFFICIELLE

OCTOBRE 1968

J'ai un peu plus de 11 ans.

C'était une matinée ensoleillée d'automne, la lumière illuminait la porte d'entrée de la maison et le facteur venait de passer pour distribuer le courrier. Je me trouvais dans la salle à manger quand mes parents m'ont fait venir pour m'informer d'une nouvelle qui semblait très importante pour eux. Ma mère tenait toujours dans ses mains l'enveloppe jaune d'où ils avaient sorti un courrier du Tribunal de Grande Instance de Cusset. Je voyais la joie dans leurs yeux encore mouillés et, à la fébrilité de leurs voix, je sentais leur fierté et leur excitation. Ils pouvaient m'annoncer qu'ils venaient de recevoir, (enfin !), la confirmation à leur demande d'adoption plénière actée depuis le 4 juillet 1968. Dorénavant, je porterai leur nom définitivement, même sur les actes d'état civil.

Mon père déclara sur un ton calme mais assuré : «maintenant tu es vraiment notre fille !».

Je n'ai pas pris conscience alors de l'importance de ce moment qui ouvrait un avenir pour eux et pour moi, j'ai simplement acquiescé à leur affirmation sans ressentir d'émotion particulière. Cela ne représentait pas une nouvelle réalité pour moi puisque j'écrivais déjà leur nom sur mes cahiers de classe. Aujourd'hui, cet instant est gravé dans ma mémoire. Il y est resté comme une date cruciale que mon esprit n'a pu oublier. D'ailleurs, il allait changer ma vie.

Je leur ai demandé tout de suite si je porterai toujours ce nom et je me souviens de leur réponse positive et rassurante. Ils avaient ajouté «tout ce qui est à nous est à toi maintenant».

Sandrillon, c'était comme cela que mon père m'appelait souvent. Mon vrai prénom Sandrine (qu'ils avaient refusé de changer bien qu'ils en aient eu le droit) devenait Sandrillon. sobriquet bien trouvé qu'ils avaient gravé en lettres capitales sur l'un des deux poteaux qui maintenaient le portail.

Je n'ai aucun souvenir du nom de famille que j'écrivais en haut de la page de mes cahiers d'école avant mes 7 ans, mais il était sûrement celui de Monique.

Un jour, ma mère a voulu me faire connaître un détail qui lui tenait à cœur. Cela s'était passé lors d'une des rencontres organisées au foyer afin de faire ma connaissance. Elle n'avait eu jusque-là aucun élément sur mon physique susceptible de lui permettre de me reconnaître. Je sentais qu'elle revivait la scène où nous étions plusieurs enfants, toutes en attente d'adoption, regroupées dans une pièce. En pénétrant dans la salle, et comme si son instinct la dirigeait, elle s'était avancée spontanément vers moi. «C'est elle» avait-elle dit, son cœur avait parlé. C'était leur souhait de réparer une injustice, ils voulaient compenser un amour défaillant, croire que cela cicatriserait les blessures des années passées, s'en convaincre. Ils m'ont conseillé de ne pas rechercher ma mère car ce que je trouverais «*ne serait peut-être pas très beau*». Avaient-ils des informations ? Par qui ? Quelqu'un avait-il noirci mon histoire ? Ils ont également tenu à me préciser que j'étais fille unique mais que si j'avais eu un frère ou une sœur, ils les auraient aussi adoptés. Aujourd'hui, j'en conclus qu'on leur avait caché l'existence de mon frère.

Très vite, je suis repartie à mon occupation sans réfléchir à ce changement et sans m'attarder à l'émotion qui s'était emparée d'eux. Quelques mois plus tard, début 69, les actes de naissance ne mentionnaient plus le nom de ma mère biologique.

Ce n'est que bien après que je m'aperçus des inconvénients de cette décision de justice. Elle allait compliquer fortement mes recherches car l'Administration ne doit plus donner d'informations à la personne adoptée dans le cas d'une adoption définitive. Il est précisé que cette loi a été votée «dans l'intérêt des familles».

Dans une bonne nouvelle se cache souvent une mauvaise !!!

RECHERCHES

1971

Je dois avoir environ 14 ans quand un jour, en cherchant des vêtements dans l'armoire du salon, je découvre une petite valise marron en cuir. Sous des chapeaux et des gants appartenant à ma mère, je trouve une pochette orange ayant pour titre «Sandrine», souligné, écrit à la main en diagonale, en haut, à gauche. Curieuse et étonnée à la fois, mais tremblante de peur à l'idée que je vais peut-être faire une bêtise, j'ouvre la chemise.

Le premier feuillet qui m'apparaît est sans en-tête et indique :

Remise sur lieux à Mr et Mme J…
l'enfant B… . Sandrine , Muriel née le 22 juillet 1957, admis dans le service sous le numéro 279 141 ex RT 8649 le 27/05/1958.

L'enfant vient de passer une contre visite médicale, elle est en bonne santé. Elle est munie de ses effets personnels.

Mes parents ont signé chacun à la suite, la déclaration suivante :

Je donne décharge de la remise de l'enfant et de ses effets personnels .
Fait à Autun le 15 mai 1964

La valise contient également d'autres documents et courriers :

- une attestation de vaccination mentionnant, à côté de mon prénom, un nom de famille B... que je ne connaissais pas.

- les actes de naissance de mes 2 parents adoptifs : M. J... né en 1910, Mme J… née en 1920,

- quelques courriers de la Préfecture de la Seine qui précisait vouloir me suivre en consultation régulièrement à l'hôpital Saint-Vincent-de-Paul à Paris,

- d'autres documents de l'Agence d'Aide Sociale à l'Enfance de l'Agence d'Autun concernant une demande de placement en vue d'adoption,

- une demande d'un certificat attestant de la stérilité absolue et définitive de l'épouse établi par 2 médecins (les mots absolue et définitive étant bien soulignés).

Il est précisé plus bas qu'une décision serait prise après enquête à leur domicile et après des suivis psychologiques les concernant.

J'entends soudain la voix de mon père qui s'approche. Tremblante, je range rapidement les documents de façon à ce que l'on ne puisse pas voir qu'ils avaient été consultés et je referme la valise aussi vite que je peux.

Ce nom différent du mien, ne signifiait rien pour moi, c'était comme s'il ne m'appartenait pas, seule ma date de naissance m'était familière. Sur le coup et sous l'effet de trop de révélations, je n'ai pas fait la relation avec ma mère biologique, c'est beaucoup plus tard que j'y ai repensé. Sans cet événement je n'aurais peut-être pas cherché à enquêter sur mes origines. Je connaissais les faits mais ne ressentais aucun vide à cette époque. Quant à mon père biologique, je n'éprouvais pas le besoin de m'y intéresser. Cela m'est venu bien plus tard également, à l'âge adulte.

Je pense, aujourd'hui, que mes parents avaient pris soin de bien dissimuler ces papiers pour me laisser dans l'ignorance de leurs démarches. Ils voulaient me préserver de connaître les détails d'une longue procédure que je ne pouvais deviner.

Depuis toujours je savais, bien sûr, qu'ils n'étaient pas mes vrais parents mais nous nous étions mutuellement adoptés. Même si nos manques n'avaient pas la même origine, nous avions en commun ce même besoin de partager un sentiment d'attachement.

Leur histoire n'était pas simple. Suite à des complications chirurgicales lors d'une intervention subie dans sa jeunesse, ma mère ne pouvait pas avoir d'enfant. Quant à mon père, il avait divorcé 2 fois avant de la rencontrer. Sa 1ère femme ne pouvait pas avoir d'enfant et la 2ème n'en voulait pas ! Ils avaient déjà eu l'intention d'adopter la nièce de ma mère qui était orpheline de père, mais la mère de la petite s'y était opposée. Leurs proches pouvaient penser que «ces deux-là étaient donc vraiment bien faits pour se trouver !» !
Mon arrivée était un aboutissement pour donner un sens à leur vie.

Après l'événement de la valise, je songeais parfois (à quelle fréquence, je ne pourrais le dire) à m'interroger intérieurement sur l'origine du nom, B… accolé au mien. Mon adolescence étant bien occupée, ce n'était pas une préoccupation qui m'obsédait. Je ne partageais pas cette «découverte» avec mes amies, j'en éprouvais une gêne, je n'assumais rien. Je les entendais parler des origines de leurs parents, de leur famille, je préférais tenir mon passé secret. Je n'aurais pas supporté le regard de pitié ou les avanies autour de cette filiation particulière. A cette époque, les enfants naturels étaient appelés des «bâtards».

Pensionnaire la semaine, (le lycée était à 35 km de la maison), je rentrais en car le vendredi après-midi chez mes parents. Le reste du temps, je restais seule dans un petit appartement de 2 pièces qu'ils possédaient à Vichy. Mes amies venaient me voir, nous papotions en grignotant. Nous étions seules et nous pouvions sortir à notre guise : au cinéma, prendre un verre au café avec les copains qui nous emmenaient parfois danser au bal en voiture car nous n'avions pas le permis.

Je n'abusais pas de cette liberté, j'étais clairvoyante par rapport à la confiance qu'on me laissait.

Connaissant le caractère souvent inquiet de ma mère, je réalisais que ça devait être difficile pour elle de m'imaginer seule à 15/16 ans. Mon père, lui, m'avait bien fait comprendre l'intérêt de toujours rester responsable et indépendante à l'avenir. «Aussi bien dans ton travail que dans ta vie sociale», disait-il. Mais sans doute était-il inquiet lui aussi.

Mon inconscient devait alors refouler bien des questions car l'imaginaire d'une adolescente la conduit toujours à se rêver en princesse ou née dans une famille avec une histoire aussi extraordinaire qu'un scénario de cinéma. Une famille riche, pourquoi pas, célèbre, avec une mère d'une grande beauté, un père au métier prestigieux. Peut-être une famille nombreuse, joyeuse, avec une grande maison comme dans les films de Walt Disney. Même si je n'étais pas obsédée par ces rêveries, Je savais qu'un jour je chercherai à retrouver la femme qui se cachait derrière ce nom de B… .

Plus tard, vers 18 ans, j'aurais voulu connaître vraiment mes origines, mais comment ne pas avoir peur de découvrir une vérité qui ne m'aurait pas plu ? Avant tout, je n'aurais pas supporté de faire du mal à mes parents. Imaginer qu'ils auraient pu souffrir de mes interrogations trop appuyées ou de mes recherches, me rongeait. Alors qu'ils avaient fait tellement d'efforts pour se faire aimer, ils auraient pu croire que je restais insensible à leur affection, voire que je les détestais, ou pire encore qu'ils ne me suffisaient pas.

Je ne voulais pas non plus semer le trouble en faisant surgir dans des familles des évènements oubliés ou inconsciemment refoulés qu'elles n'auraient pas souhaité connaître ou revivre. J'aurais mal vécu des réactions extrêmes et d'être rejetée à nouveau. J'ai toujours voulu ne pas déranger.

Je m'étais convaincue de ne pas faire de recherches pour ne pas risquer d'être déçue. Ce que j'allais découvrir ne serait peut-être «pas bien beau». Je me souvenais bien de cette phrase de mes parents quand le courrier officiel de mon adoption était arrivé au mois d'octobre 1968.

MES DEMARCHES

PREMIERE DEMARCHE EN 1981

En 1981, j'avais alors un peu plus de 24 ans, je travaillais comme aide-soignante dans un hôpital de la région parisienne et je vivais en colocation avec une amie à Bezons. Pendant une période où j'étais en vacances chez mes parents, j'ai repris la valise sous l'armoire. Je voulais absolument vérifier les informations que j'avais lues 10 ans auparavant. C'est là que j'ai décidé d'adresser sans tarder un courrier à l'hôpital Bichat où j'étais née.

J'eus un retour assez rapide sur la lettre même que j'avais envoyée. N'étant pas née sous «x», les archives me transmettaient quelques informations. Étaient indiqués le nom de ma mère biologique B ... Monique , née en 1934 à Neuvy dans la Marne , domiciliée 26 rue Lécuyer à Aubervilliers, (elle avait 23 ans quand je suis née) et son statut de mère célibataire. Elle m'avait reconnue, et pourtant, dès le lendemain, elle demandait déjà mon placement en pouponnière. Quel était son état d'esprit à ce moment ? Se trouvait-elle prisonnière de son destin ? Avait-t-elle été obligée de poursuivre sa grossesse jusqu'au bout car sans moyens d'y mettre un terme ? Quelles étaient ses ressources, sa situation familiale pour élever un enfant ?

La sécheresse des documents ne laissent pas de place aux émotions pour aider à raccommoder un tissu affectif en charpie. Mais de nombreuses questions commençaient à mûrir et à tourner dans ma tête. Heureusement j'avais maintenant un nom qui me permettrait de partir d'un élément concret.

J'allais attendre 6 ans avant de continuer mes recherches. J'étais prise par la vie, je partais souvent en vacances, je sortais régulièrement, (je suis de la génération disco des années 80). J'allais voir mes parents à la campagne tous les mois, je pratiquais le bowling tous les week-ends et appartenais à une équipe de compétition. J'avais une vie indépendante bien remplie et confortable.

En 1983 ma mère est partie suite à une «longue maladie». On l'appelle ainsi mais, en fait, la sienne n'a duré que 6 mois. De façon à être plus près de moi, elle avait été transférée de l'hôpital de Vichy dans mon service quand son état s'était aggravé. Puis il n'avait cessé d'empirer. Au bout d'une quinzaine de jours seulement, il était devenu critique. Une nuit j'ai reçu un appel du service, je m'y suis rendue seule. Le médecin présent que je connaissais bien m'a demandé de prendre LA décision, celle qui est la plus difficile que l'on puisse redouter et qui est généralement prise par l'ensemble de l'équipe soignante. Celle à laquelle on ne veut pas se préparer : «qu'est-ce qu'on fait, on arrête la machine ?». Je savais qu'il n'y avait pas d'autre option, mais être seule à décider de la fin de la vie d'un être qui vous a aimé m'a transpercée. J'ai attendu le résultat du dernier encéphalogramme. Irrémédiablement plat, il confirmait son absence de notre monde. J'ai arraché avec désespoir un «oui» du fond de ma gorge. Je n'ai pas pu rester plus longtemps dans la pièce.

J'ai ensuite pris la décision de suspendre mon activité pendant 3 mois pour soutenir mon père qui était anéanti et déboussolé de se savoir désormais seul après 40 ans de vie commune. Il était très dépendant d'elle. La maison était loin de tous les commerces et il n'avait pas le permis de conduire. Il ne s'occupait d'aucune démarche. Elle était le pilier du couple. Il accédait à toutes ses demandes, il l'appelait «poulette». Ils avaient dû beaucoup s'aimer.

Je me suis finalement résolue à demander mon changement de service, le fait de revoir quotidiennement les images de la fin de sa vie m'était trop douloureux.

Puis mon fils est arrivé en 1985, il a comblé mes vides affectifs au-delà de mes espérances.

1987

En 1987, je me suis résolue à adresser un courrier à l'Aide Sociale à l'Enfance de Paris, l'organisme qui conserve tous les dossiers des enfants pupilles de la nation. «Eh oui, c'est ce que j'avais été !». Je savais trop bien qu'on nous appelait ainsi. Il me faudra alors attendre un an avant d'obtenir un rendez-vous avec une assistante sociale.

1988

Pendant cette année 1988, mon père est parti à son tour. Il ne supportait pas la disparition de sa femme et il me répétait souvent qu'il voulait la rejoindre. Cette forme de désespoir l'a hélas poussé à refuser de se faire opérer quand on lui a détecté un problème au cœur.

A ce moment-là, j'ai découvert l'intensité de l'expression «être seule au monde». J'avais le sentiment que l'espace qui m'entourait était rempli de vide. Je ne trouvais plus personne pour m'appuyer, j'avais des moments de grande solitude. Comment continuer à avancer ? Je venais de perdre mes deux cannes. J'étais à nouveau «orpheline» à trente ans.

Quand la convocation chez l'Assistante Sociale est arrivée, j'ai pensé qu'au moins je n'aurais pas à dissimuler cette visite à mon père. Elle aurait, c'est certain, ravivé chez lui d'anciennes peines touchant à notre vie de famille.

Rendez-vous avec l'Assistante sociale

Le rendez-vous eut lieu dans des locaux annexes de la Préfecture de la Seine à Paris. Souvent déçue par l'Administration, la découverte que j'en attendais me semblait illusoire. La pièce était démesurée et austère, meublée uniquement d'une immense table, très longue, en bois et d'une chaise. Aucun tableau ne décorait les murs recouverts d'une peinture jaunie par les années. Aucun décor ne pouvait me mettre davantage mal à l'aise.

J'ai été reçue par une assistante sociale calme et compréhensive. Elle tenait un dossier dans ses mains. Elle l'a posé sur la table et, afin de m'aider à me détendre, juste avant de partir, elle a pris la peine de me dire gentiment «prenez votre temps».

Je revois la scène quand je m'assois devant ces centaines de pages contenues dans une chemise en papier kraft. Ils m'impressionnent tout de suite et je ne sais pas par où commencer. J'ai trente et un ans, sept ans de ma vie se trouvent là et je vais faire une découverte étonnante. Je ne peux pas y croire, j'ai peur, tellement peur. Que vais-je trouver ? Impossible de tout lire en 1 h ou 2. Je veux prendre des notes, je réalise que je n'ai rien pris pour écrire et que j'aurais dû y penser, quelle idiote ! L'émotion me déconcentre et m'empêche de retenir beaucoup de détails. Je trouve enfin dans mon sac un petit papier blanc où est déjà noté le matériel à usage unique dont j'ai besoin pour faire les pansements, il reste un peu de place, j'écris vite tout ce que je peux.

Quelle drôle de situation. Je relève quelques adresses, des noms, et je découvre sur une des pages, un nom, B… Philippe, né à Antony en 1953. Tiens le même nom que moi et la même mère ! J'ai donc un frère, je n'y crois pas, est-ce possible ? Pourquoi ne l'ai-je jamais su ? Est-il vivant ? Un fil vient de se dérouler que je vais devoir suivre.

Je relève encore quelques adresses des employeurs de ma mère : à Paris, rue des Francs Bourgeois et à Lagny, chez le Dr L…, puis un autre nom B… Michèle, née en 1941, domiciliée rue Régnaud, Paris 13ème, sténo dactylo, une tante ? Du côté de la colonne mère, il est mentionné : blonde, yeux marron, 1,60 m, air hautain.

Dans la colonne père Ba... Mohamed, 39 ans, Français, né à Constantine, divorcé, 1,60 m, coiffeur, vivant à l'hôtel.

Je m'interroge aujourd'hui : c'est une petite taille pour un homme, est-ce une erreur ? Il est noté la même taille pour Monique alors que d'après ses sœurs elle était nettement plus grande. D'où viennent ces mesures qui semblent fantaisistes ?) !

Je me répète interloquée «comment est-ce possible ?» Sur la superficie d'une feuille A4 je venais de découvrir une partie de mon histoire, et quelle histoire ! Un frère. Une tante ? Et un père Kabyle. Il fallait bien peu de surface pour libérer tant de secrets !

Impossible de tout regarder après cette révélation, je suis comme asphyxiée. Il faut que je fuis, que je respire à pleins poumons, que je lise encore et encore ces informations et que je les intègre. Je referme le dossier. Je devrais le voler et l'emporter. Après tout, tout ça m'appartient. Qui d'autre que moi pourrait bien être intéressé par cette paperasse ?

Je sors comme étourdie, ivre d'informations, avec en poche un minimum d'éléments pour un début de réponse sur mes origines. Toutes ces personnes sont-elles vivantes, comment vivent-elles, connaissent-elles mon existence ? Ma quête ne fait que commencer pour éclaircir ces points importants en priorité.

2002

Quatorze ans s'écoulent encore. Je ne fais pas de recherches pendant ces années. J'avais franchi une étape et bizarrement je me sentais toujours bloquée comme si j'avais peur. Je me donnais l'excuse d'avoir le temps mais j'étais consciente de mon propre mensonge qui me faisait m'accorder des délais.

En décembre 2001, je finis par écrire à la Direction de l'Action Sociale et de l'Enfance rue de Reuilly à Paris. La réponse pour un entretien m'arrive un an après soit en août 2002 : rdv vendredi 15 novembre 2002, bureau 502.

Je m'y rends en voiture, c'est un bâtiment moderne cette fois-ci. Je monte à pied les étages pour arriver au bureau 502 où je suis reçue par un homme mince, sans expression sur le visage. Il me guide dans une pièce minuscule qui contient, là encore, uniquement un bureau, une chaise et une multitude de dossiers entassés un peu partout sur des étagères. Ils me permettent d'imaginer que bien d'autres personnes dans ma situation ont dû déjà être reçues dans ce même endroit et que certaines, aussi nombreuses, attendent sans doute depuis longtemps d'y être convoquées un jour.

Devant moi, l'homme se présente comme le psychologue de l'établissement. Il tient le dossier que j'avais consulté quelques années auparavant. Sur la couverture est collée une photo de moi qu'il enlève et me remet, mais je ne prends pas le temps de la regarder, j'attends qu'il parle. Je le sens distant, peu chaleureux. Il m'indique que, la loi ayant changé, je ne peux plus consulter seule les documents. (Je ne lui dis pas que je les ai déjà vus). Il ouvre la chemise qu'il semble plutôt découvrir devant moi. Puis, plusieurs fois et en prenant son temps, son regard va de mon visage au dossier. Je suspends mon souffle pendant son examen. Il plisse les yeux, semble étonné de ce qu'il vient de lire, je suis de plus en plus inquiète, les minutes me semblent longues, mon cœur s'emballe, mes mains sont moites. Je ne montrerai rien à un étranger de mon stress, il ne connaîtra rien non plus de mes sentiments.

Que va-t-il m'annoncer ?

«C'est bizarre !»… il laisse un blanc avant de continuer, «vous n'avez pas le physique pour avoir un père arabe».

Mon stress s'évacue d'un coup : «tout ça pour ça !», toute cette tension qu'il a maintenue de si longues minutes pour arriver à cette stupidité !

Quel crétin par dessus le marché ! Je suis en colère de devoir constater son ignorance. Je devrais lui rappeler quelques notions d'histoire : l'empire romain a bien régné plusieurs siècles en Kabylie, d'ailleurs l'Empereur Constantin 1er y a changé le nom de la ville de Cirta en Constantine. Il paraît donc normal qu'il y ait eu des métissages de populations et que physiquement nous soyons plus «délavés» AH AH !!. Pour un psychologue, bravo ! Je pourrais lui dire également qu'un physique ne détermine pas toujours nos origines. Tout le monde sait cela et, quand j'ai découvert ce fait, je ne me suis pas regardée des heures dans un miroir pour y trouver des traits berbères. Je veux m'en aller, je n'ai rien à attendre de cet homme et je ne lui pose aucune question. Il me précise encore que l'on va m'envoyer mon dossier mais que, du fait d'avoir bénéficié d'une adoption plénière, les informations personnelles sur mes parents biologiques et adoptifs seront dissimulées. Je m'en fiche, je les ai déjà !

Comme en 1988, dans le bureau de l'Assistante Sociale, j'éprouve le même besoin de fuir, d'aller respirer à l'extérieur. Cette fois l'entretien est bien plus déshumanisé et je quitte ce Monsieur Souza….assez écœurée.

Je recevrai quelques mois plus tard des photocopies de documents portant le nom de mes nourrices et des informations sur le comportement de ma mère pendant toute la période depuis ma naissance jusqu'à la lettre de l'abandon le 16 octobre 1962.

LES DOCUMENT OFFICIELS (1957-1969) ET CE QU'ILS M'ONT INSPIRÉ

Dans une grande enveloppe en papier marron sont réunis l'ensemble des documents et photocopies relatifs à mes différents séjours, (les noms et adresses des personnes sont dissimulés avec un grossier scotch noir), tous les renseignements ne sont pas présents du fait de la confidentialité exigée. Si je n'avais pas eu le temps de tout consulter la dernière fois, ce ne sera pas le cas cette fois-ci. Je suis un peu anxieuse, il y a des feuillets remplis dans tous les sens, en diagonale, dans les marges, des jugements de valeur tels que «*bien physiquement*» ou «*physique moyen*», des certificats médicaux, des actes de naissance et d'ondoiement, tout ceci semble brouillon et mis en place rapidement sans application. Vais-je enfin découvrir là-dedans la vérité sur mon abandon ?

1957

- *Année de signature du traité de Rome créant la CEE,*
- *l' U R S S lance Spoutnik1 le premier satellite spatial,*
- *Jacques Anquetil gagne le tour de France,*

*-André Franquin crée le personnage de
Gaston Lagaffe, etc.*

C'est l'année où je viens au monde.
Pendant que se déroulent ces faits plutôt
réjouissants, des milliers de femmes
accouchent toujours seules dans un
hôpital. Parmi elles, il y en a une. Celle-
là est ma mère.

On est le 22 juillet, elle accouche en
toute discrétion d'un «enfant naturel»
donc illégitime. *«Mère célibataire, elle
a caché sa grossesse à sa famille»*, il est
noté également que *«Le père était
absent depuis le début de la grossesse»*.

Deux jours après, elle part avec moi
dans une maison de convalescence, elle
demande mon placement mais reste plus
d' un mois et demi avec moi. Pendant
cette période, elle m'a sûrement tenue

dans ses bras, m'a nourrie, a changé mes couches, et moi, j'ai touché sa peau, humé son parfum. Qu'a-t-elle ressenti : amour ou indifférence ? Je n'étais peut-être pas un assez beau bébé pour l'émouvoir ou lui plaire. En me regardant, ne voyait-elle pas autre chose ? Un être trop en demande d'amour pour qu'elle se sente capable de l'aimer ? Sa grossesse avait-elle été trop compliquée et son accouchement douloureux au point de lui faire refouler tout désir d'enfant ?

Mi-août 1957

Après cet épisode de répit va commencer le défilé des placements.

J'ai 1 mois 3⁄4 quand elle me dépose à l'Hôpital-Hospice de Saint-Vincent-de-Paul, prétextant qu'elle ne peut assumer ma charge. Mais elle précise qu'elle n'a pas l'idée d'un abandon. Elle s'engage, en signant un document, à rendre les vêtements prêtés par l'Administration quand elle viendra me rechercher. Elle ne reviendra jamais ! (Elle devait me récupérer un mois après mon arrivée, j'y resterai 2 semaines).

J'ai 2 mois et 1 semaine et je pars à Antony, Hauts-de-Seine, dans une pouponnière. J'y resterai deux mois. Pendant ce temps, des courriers de relance lui sont envoyés pour connaître ses intentions à mon propos.

J'ai 4 mois, je suis transférée chez une nourrice Mme VANB…. à Mareil-le-Guyon en Seine et Oise. J'y resterai un peu plus de 2 ans. Aucun document ne relate mon évolution et ma relation avec cette nourrice à part un carnet de vaccination et une courbe de croissance d'où il ressort que j'étais «*un peu dodue*». Toujours pas de visite de ma mère pendant ces deux années.

1958

Malgré la mise en demeure de se présenter, «*sinon son enfant lui sera rendu dans les huit jours*», ma mère reste muette. Je suis donc reconnue en mars 58 comme «*enfant secourue*». Cela signifie qu'elle admet et signe un document qui précise «*abandonnée par sa mère*». Elle ne m'a fait aucune visite en plus d'un an de placement mais versera pourtant une pension pendant plusieurs années. (Les frais médicaux et pharmaceutiques ainsi que le vestiaire sont à la charge de l'Administration peut-on lire sur un courrier).

1959-1961

J'ai 2 ans et 10 mois, je suis à nouveau changée de département, j'arrive au Creusot en Saône-et-Loire, chez Mme God... à St-Firmin. Pendant les deux années qui suivent ma mère ne me fera qu'une seule visite accompagnée de ses employeurs, (un médecin et sa femme). Elle exprimera cependant une demande de rapprochement près d'elle mais elle n'y donnera pas de suite. Je resterai donc un peu plus de deux ans chez Mme God... J'apprendrai beaucoup plus tard pourquoi on m'a changé de placement cette année-là.

Fin 1961, j'ai 4 ans et demi, je change à nouveau de nourrice, toujours au

Creusot, chez Mme Chan… J'y resterai cette fois un peu plus longtemps.

1962

En juin 62 ma mère me rend visite deux après-midi de suite, le rapport du directeur de l'agence de l'Aide sociale décrit l'événement ainsi :

«À l'arrivée, la mère a embrassé son enfant comme on embrasse une étrangère, a précisé la nourrice, et pendant toute la durée des visites, celle-ci a remarqué que la mère n'avait à l'égard de l'enfant aucun geste réellement affectueux. Elle ne lui a apporté que quelques gâteries ordinaires, une surprise, une tablette de chocolat, un paquet de petits beurre, et une dizaine de sucettes. Elle a précisé qu'elle ne pouvait pas subvenir aux

besoins de sa fille et que ni sa mère ni sa grand-mère ne voulaient se charger de la fillette. La nourrice pensait remettre à la mère une photographie de sa fille, elle avait fait faire 3 photos scolaires. Lorsqu'elle les a montrées à la mère, celle-ci a dit à l'enfant : tu n'es pas jolie, tu ne souris pas, et elle a laissé sur un meuble la photographie qui lui était destinée.

A la suite de ces entretiens, la nourrice est restée persuadée que Mlle B... ne reprendrait pas son enfant».

En octobre 62 ma mère évoque l'abandon complet en vue d'une adoption «*ce qui lui permettrait d'avoir une chance*» dit-elle. Un courrier de l'Aide sociale évoque un entretien avec une assistante sociale afin de la convaincre de me reprendre.

A la question «votre enfant ne vous intéresse donc pas ?», la mère répond «non». «La mère réaffirme d'ailleurs avoir voulu l'abandonner dès la naissance, dit n'avoir visité son enfant que parce que sa patronne le lui a demandé et n'avoir aucun attachement pour l'enfant».

«L'enfant ne parle pour ainsi dire pas de sa mère, le comportement de celle-ci lors de sa visite n'a apporté à l'enfant aucune satisfaction affective car elle s'est montrée indifférente et maladroite, l'enfant sait que sa mère existe mais comprend qu'elle ne s'intéresse pas à elle».

La lettre d'abandon

Madame,

Après avoir réfléchi longuement, le moment est venu pour moi de prendre la décision suivante. Je vous laisse la garde entière de l'enfant, autrement dit je l'abandonne purement et simplement au service d'aide à l'enfance de la Seine.

Fait à Paris le 16-10-62

1963

J'ai maintenant 6 ans, ma nourrice étant trop âgée et moi-même ayant dépassé l'âge d'être à nouveau chez des nourriciers, je suis transférée dans un foyer où j'ai désormais un statut d'enfant «*A*» c'est-à-dire adoptable. Le lieu doit rester secret pour ne plus avoir de contact avec ma mère. Je n'ai donc pas connaissance de la ville et du nom du foyer où je demeurerai presque un an. Le nom de M. et Mme Buf…. est évoqué. Sont-ils d'éventuels parents qu'on me destine ?

Il est écrit sur des fiches me concernant, lors d'un examen avec un spécialiste en vue d'un placement que je suis une «*enfant affectueuse, ouverte, éveillée, confiante, un peu instable, nerveuse, coléreuse et têtue, on note une grosse amélioration dans le comportement mais bon caractère dans l'ensemble»* (ça ne va être facile pour les prochaines nourrices !).

Tous ces changements de bras ne sont rien s' ils sont des bras familiaux et aimants, mais comment créer un lien quand on ne dispose pas de temps ? Même avec beaucoup de compassion, une soignante ne peut faire que l'essentiel quand elle s'occupe d'un bébé qu'elle ne garde que quelques jours.

De ces années écoulées depuis ma naissance (presque un septennat) je ne retrouve que deux moments qui ont dû être plus marquants, plus intenses que d'autres puisqu'ils sont toujours restés imprimés douloureusement dans ma mémoire.

Je porte une jupe mais je ne distingue plus le reste de ma tenue. Je serre une poupée contre mon corps, elle est presque aussi grande que moi, je suis agenouillée avec elle et je lave par terre. L'autre moment est plus lointain et embrumé. Revêtue d'une robe évasée et d'un gilet, dont j'ai oublié les couleurs, je pénètre dans une pièce sombre sans lumière intérieure. Seul l'entrebâillement de la porte éclaire le début de la pièce, je m'avance et remarque un lit sur la droite. Une main se tend vers moi, je m'approche, puis plus rien, le souvenir de cet instant reste un mystère. J'ai souvent essayé de revivre cette scène en état de conscience pour en trouver la suite, mais rien ne me revient, alors… tant pis !

1964

En avril 64 une lettre de l'Aide sociale annonce qu'un couple vient passer quelques jours dans la région et serait prêt à faire ma connaissance en vue d'un marrainage. Plusieurs visites au foyer sont prévues avant que je puisse partir avec eux mais je sais que dans un courrier, il était noté que ma dernière nourrice m'avait fragilisée car *«hostile à l'adoption, elle aurait à plusieurs reprises perturbé l'enfant par des réflexions qui ont aggravé l'inquiétude et l'anxiété de la fillette»*. Cela a dû se confirmer dans mon attitude et les rencontres avec ce couple (qui allait devenir mes parents), ne nous ont pas permis de nous rapprocher progressivement. Je suis donc partie avec «des inconnus» plus vite que prévu. Je n'ai pas le souvenir de ces rencontres.

J'ai 6 ans et 10 mois quand j'arrive chez eux, je vais naître une seconde fois. Je le comprends et je réalise vite que mon cerveau emmagasine enfin des émotions et des souvenirs. Elles déclencheront mes premiers souvenirs d'enfance.

La première année est assez difficile car je suis alors très coléreuse et têtue. Il est noté sur des documents qu'«*un suivi médical régulier et par une assistante sociale est nécessaire et que si la situation est trop compliquée pour les adoptants, la possibilité de rendre l'enfant serait envisagée*».

Un grand bouleversement était en marche : il fallait que je me réadapte à un nouvel environnement et à de nouveaux visages.

fin de la documentation

2004

Certains documents concernaient mon suivi à l'hôpital St-Vincent-de-Paul. Je décide donc d'adresser un courrier à leurs services, afin d'en connaître le contenu depuis ma première année jusqu'à l'âge de 7 ans. J'obtiens une réponse négative. On m'informe que les dossiers ont été détruits et on me propose, par contre, un entretien avec un neurologue. Je ne donnerai pas suite.

Un peu désemparée, je vais attendre une dizaine d'années avant de me replonger dans le passé.

2014

Je prends donc un autre chemin pour retracer mon histoire et retrouver peut-être des personnes m'ayant connue.
Combien d'appels téléphoniques encore et de temps passé ?

Je recherche dans l'Yonne où j'avais été placée, un nom qui correspondrait à celui d'une nourrice chez qui j'ai séjourné. Au hasard des contacts, un homme m'apprend qu'il m'a connue. Il se rappelle de moi, il est le fils d'une des nourrices. Nous convenons d'un rendez-vous dans le mois qui suit.

Je me rends au Creusot, avec mon compagnon. Sur la route mon esprit échafaude déjà un scénario, mais plus le chemin défile et nous rapproche de notre destination, plus l'incertitude m'envahit. Cette rencontre sera-t-elle enfin productive ? Vais-je pouvoir construire mon histoire avec des anecdotes concrètes que je pourrai raconter à mon fils ?

Dans une maison des années 1960 située en bord de route, je découvre un homme d'un âge avancé. Il m'avoue d'abord qu'il a averti son frère de mon appel car c'est avec lui que j'ai vécu le plus longtemps. Mais, me dit-il, ce dernier ne souhaite pas me voir. Presque aussitôt il nous emmène dans la maison où j'étais restée de mes 2 ans à mes 4 ans et qui se situait à quelques kilomètres de chez lui. Elle apparaît au bout d'un petit chemin, toute blanche. Aucun souvenir ne me revient, ni du bois qui l'entourait, ni de la rivière à quelques mètres.

L'environnement ressemble étrangement au Bois-Vignaud et il ne m'en reste en fait que la vision d'une petite pente en terre pour arriver jusqu'à la porte d'entrée. J'ai aussi le souvenir de l'arrivée d'une 2 cv dont descendit une femme. Mais était-ce bien dans cet endroit ? Qui était cette personne ? Peut-être l'assistante sociale qui m'avait emmenée à Autun pour rencontrer mes parents adoptifs ? Il ne peut m'apporter aucune réponse.

De retour chez lui, il nous invite à entrer et nous commençons une conversation. Assez vite, il m'avoue qu'il garde jusqu'à ce jour comme un remords qui le hante encore parfois. Atteint de tuberculose pendant son service militaire, il avait dû revenir habiter chez ses parents et les assistantes sociales avaient donc décidé que je ne pouvais pas rester en contact avec un malade. (Je viens d'apprendre pourquoi j'avais été déplacée en 1961).

Il se sentait responsable de mon départ. Il me raconte aussi que le jour où sa mère m'avait déposée à Autun pour un nouveau placement (toujours au Creusot), il était présent. J'avais quatre ans, il devait être bien jeune lui aussi et assez impressionnable pour être tellement marqué par la scène. D'après ses propres mots, en les voyant partir sa mère et lui, je m'étais mise à hurler si fort et si longtemps qu'ils avaient entendu mes cris de loin, dans la rue.

Il me revoit toujours dans les bras de sa mère, «tournicotant» ses cheveux autour de mes doigts. Je suis touchée qu'il reste très sensible à cette image et je réalise qu'il garde encore en mémoire une culpabilité, un remords alors qu'il n'a commis aucune faute. Je suis contrariée qu'il soit encore chagriné par cet événement. Autour d'un café et de gâteaux qu'il avait achetés, je peux le rassurer et lui dire que, bien évidemment, je ne peux pas lui en vouloir, qu'il n'était en rien responsable et que je n'avais même pas cette épreuve en mémoire. Il tient à me remercier d'être venue et «d'avoir soulagé sa conscience» ! Il me confie qu'il s'occupe seul de sa fille handicapée et, avant de nous quitter, il me remet une photo de moi, à l'âge de 2 ans me dit-il, faite chez un photographe professionnel. J'ai les cheveux mi-longs, coupés au carré, une mèche recouvre mon front, un énorme nœud blanc couvre le dessus de ma tête et retient une mèche de cheveux. Mon visage potelé, mon sourire timide et

mon regard lointain ne laissent rien
entrevoir de mon passé. La photo a été
déposée sur un meuble, elle est destinée
à ma mère, elle n'est venue qu'une fois
et elle n'a pas voulu l'emporter. Je m'y
trouve pourtant bien jolie en la
regardant aujourd'hui.

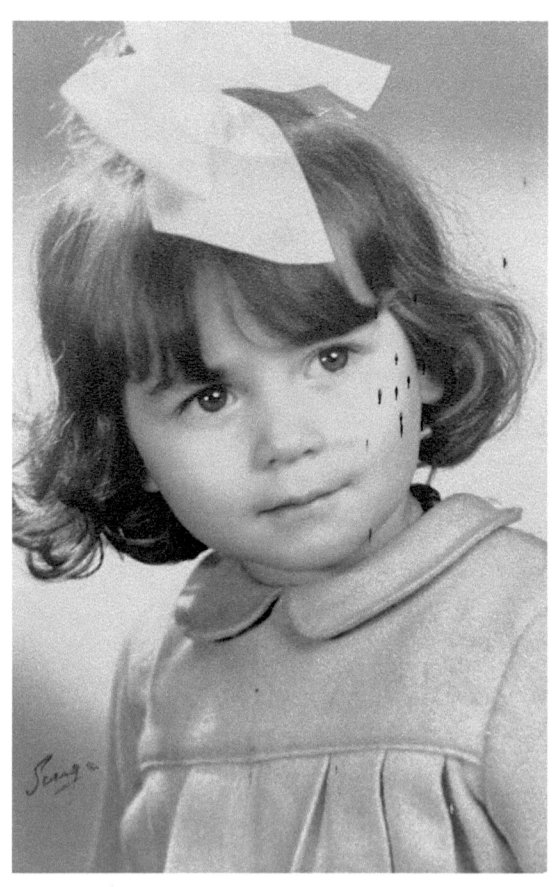

132

Sur le chemin du retour, mes pensées vont vers cet homme si sensible qu'il en a encore les larmes aux yeux. Je suis heureuse que mes paroles aient pu l'aider à estomper en grande partie sa douleur. Parler nous a permis de dédramatiser un souvenir aussi amer pour lui que pour moi. Je voudrais croire qu'évacuer ces pensées négatives l'aidera peut-être à être plus disponible pour sa fille.

Un an après sa visite chez ces personnes au Creusot, ma mère revient me voir chez ma nouvelle nourrice deux après-midi de suite, le temps d'un week-end. J'ai maintenant 5 ans. La scène de la photo se reproduit : *«Tu n'es pas jolie parce que tu ne souris pas»*, c'est le motif qu'elle invoque pour ne pas la prendre.

En 7 ans, elle n'aura fait que 2 déplacements pour venir me voir.

Lors d'un rendez-vous, le psychologue m'a remis ce portrait. Il est vrai que je n'y souris pas et que je n'y suis pas du tout à mon avantage ! Mes cheveux sont raides, coupés au carré n'importe comment, (coupe au bol, j'imagine !). On pourrait le dire sans exagération car quelques mèches pointent en épis, (c'était probablement une coupe faite maison, je ne peux pas imaginer qu'un coiffeur ait fait ça !). Mon visage est toujours rond mais mes lèvres sont pincées comme si je serrais les dents. Ma tête légèrement baissée m'oblige à lever les yeux et mon regard est dur, sans joie. Il paraît forcé, sur commande. Je semble être très en colère. Mes mains sont juste posées sans conviction sur des cubes qui doivent se trouver là uniquement pour me donner une contenance.

Que s'est-il passé pendant cette année pour qu'un tel changement me saute aux yeux ? Aujourd'hui c'est l'amnésie totale sur cette période.

Par contre, ce refus systématique de prendre les photos me revient souvent en tête depuis sa révélation. –C'est le détail capable de me faire plus de mal que beaucoup des mes souvenirs imprécis et refoulés. Je me demande amèrement si, la deuxième fois, c'est pour ne pas garder une image de moi mal coiffée, qui ne sourit pas, qu'elle a eu cette conduite ? Mais ai-je seulement envie de le croire ?

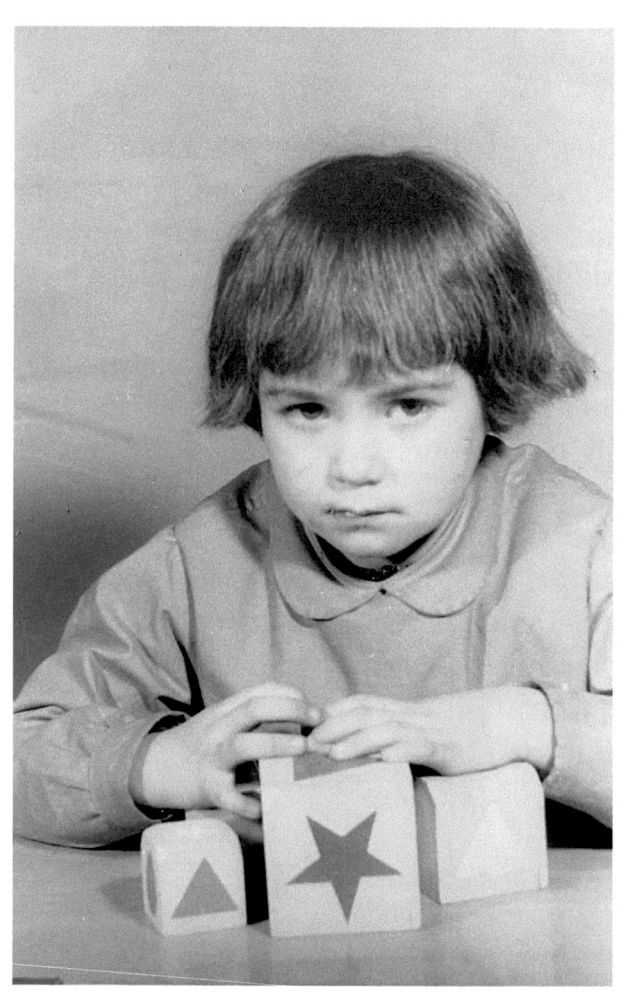

136

2018

Depuis mes 14 ans, je connaissais le nom de ma mère et je ne vais pas tarder à me rendre compte qu'il se révèle être très courant. Courageusement, je m'attaque donc aux pages jaunes du département de la Marne où elle est née. Je téléphone, encore et encore, avec à chaque fois la crainte de me faire rejeter. Combien d'appels est-ce que je passe ? Lorsqu'on décroche, je n'obtiens que des réponses négatives, mais tant pis, je continue, je dois tout essayer.

Je me prends alors réellement pour Sherlock Holmes et je me rends dans la petite commune de Neuvy-sur-Marne qui compte seulement 264 âmes ! C'est le village de sa naissance et j'y vais pour y interroger toutes les personnes qui porteraient encore le même nom qu'elle. Paradoxalement, ils sont nombreux ! J'espère y trouver une parente ou un voisin l'ayant connue. Toute la matinée, j'appuie sur toutes les sonnettes portant le nom de B…. Sans succès.

Je m'étais renseignée auparavant sur les jours d'ouverture de la mairie et, par chance, le Maire veut bien me recevoir sans rendez-vous. Il m'ouvre le registre de l'année de naissance de Monique et je peux consulter patiemment les longues listes écrites à la main d'une petite écriture soignée. J'espère trouver son nom avec des mentions légales d'usage (mariage, adresse...). Mais en marge est seulement inscrit « Décédée le 7 décembre 1991 à Lagny-sur-Marne». Je relève le noms de ses parents : sa mère était veuve et s'était remariée, elle s'appelait maintenant Geneviève C… Monique avait donc été élevée par son beau-père. Rien ne concerne un éventuel mariage, elle avait dû rester célibataire.

Comme profession, pour sa mère, il est seulement écrit «débitante». Je recherche sur internet des indications sur cette époque. Neuvy étant un tout petit village, il est peu probable qu'il y ait eu plusieurs bureaux de tabac, épiceries ou postes d'essence. Je trouve une seule photo d'une grande devanture pouvant correspondre à un tel commerce. Deux fillettes sont debout devant l'entrée, cela ne m'apporte pas grand chose.

Une porte vient de se refermer définitivement. Je ne saurai rien de plus sur ma mère, me dis-je. Je n'aurai jamais l'explication de sa décision de m'abandonner, il faut que je me résigne à admettre cette évidence. Triste et frustrée, je prends doucement le chemin du retour. Cette journée m'aura permis tout de même de connaître une nouvelle région.

Pourtant, ce serait mal me connaître que de croire que je vais abandonner.

J'avais appris en 1988 que le patron de ma mère, un médecin, demeurait à Lagny en Seine-et-Marne. Le nom de ce docteur apparaissait souvent dans les différents courriers échangés avec la DDASS. Les rapports attestaient que sa femme et lui avaient poussé et aidé Monique à remplir les formulaires. Ils l'avaient encouragée à m'envoyer des signes et accompagnée en voiture quand elle était venue me voir au Creusot.

J'imaginais bien que ces personnes devaient être décédées depuis longtemps puisque les premiers faits remontaient aux années 50, mais je me décide à appeler malgré tout. Je voudrais pouvoir obtenir des renseignements, des noms et adresses de personnes en relation avec Monique. Il est facile de retrouver le téléphone d'un médecin. La chance est avec moi. Leur petit fils est médecin également, au même endroit et c'est son nom que je trouve en fait sans le savoir. Comme à chaque nouvelle tentative, j'ai le cœur qui bat plus vite en composant le numéro. J'ai préparé mon entrée en matière et j'appréhende le retour qu'on me fera.

Au bout du fil j'entends la voix d'une jeune femme. Il m'est difficile de faire admettre que je suis la fille de Monique qui, me dit-elle, ne lui a jamais rien dévoilé sur mon existence. Je suis obligée, c'est normal, de donner des justificatifs pour confirmer ma légitimité. Elle m'apprend que le Docteur L… de cette époque est décédé depuis longtemps, que Monique est partie depuis longtemps également et qu'ils n'ont pas de nouvelles. Je parle alors de Philippe, mon frère et j'entends une voix vive et agressive qui semble surgir du fond de la pièce «laissez-le tranquille, il ne va pas bien, ne rappelez plus». Ils ont donc connaissance d'un fils, et ont des informations récentes. Je m'inquiète : «Est-il malade ? Pourrais-je le connaître avant qu'il ne soit trop tard pour lui ou moi ? C'est tellement important !». On ne veut rien me dire.

Cette piste restera donc encore infructueuse ? Je me sens vexée et coupable d'être aussi intrusive, honteuse de me faire refouler. Ai-je raison de vouloir savoir ? D'insister ? Jusqu'à quand pourrais-je accepter toutes ces déceptions ? Vais-je trouver le courage de continuer ? Tout se mélange dans ma tête, le bien, le mal, ai-je bien le droit de connaître mes origines ? Pourquoi ne pas me contenter d'apprécier les informations que l'on m'a données ?

Après plusieurs mois de réflexion, je décide tout de même de me rendre à Lagny avec mon compagnon. Je ne m'annonce pas auparavant pour ne pas essuyer un refus.

Nous arrivons dans un quartier résidentiel proche du centre-ville. Seule, je m'arrête devant une jolie maison cossue, mitoyenne avec un autre bâtiment dont j'apprendrai qu'il servait de cabinet médical. Devant le portail, je sonne et attends plusieurs minutes avant de voir apparaître une vieille femme, voûtée, vêtue d'une robe de chambre rose. Elle descend avec difficulté les quelques marches de la maison, s'avance dans l'allée pour traverser un petit jardin bien entretenu. Tout de suite, elle m'invective : «que voulez-vous ?». Je comprends qu'elle craint de se faire agresser. Je la rassure en lui parlant de Monique et en lui disant à nouveau que je suis sa fille. «Ah bon ? Elle n'avait pas de fille !». Le début de notre échange est difficile…

Elle me dit être la belle-fille du docteur L… et avoir 90 ans. Elle était mariée avec son fils, docteur également (les deux médecins partageaient le cabinet médical situé entre leurs 2 maisons). Veuve, elle vit seule désormais dans celle de son beau-père (là où Monique était employée). Son fils a repris le cabinet pour la 3e génération. Il habite à côté avec sa femme (la personne qui m'a sûrement répondu).

Cette dame âgée se souvient bien de Monique qui était restée près de 30 ans ici comme employée de maison jusqu'à la mort de ses patrons. Ces derniers avaient scrupuleusement respecté ses secrets auprès de toute sa famille.

Pour leur part, la vieille dame et son mari n'avaient été mis au courant que de l'existence de Philippe, mais pas de la mienne apparemment.

Peu à peu, elle veut bien me parler.

Pour l'anecdote, elle me raconte qu'elle-même s'appelle Monique et que le fait d'avoir toutes deux le même prénom avait valu à ma mère d'être appelée par son deuxième prénom Claude. Pendant 30 ans, elle a donc été Claude dans cette maison ! Elle m'apprend qu'elle était traitée ici quasiment comme une personne de la famille, qu'elle était irréprochable et qu'il y avait une grande estime réciproque entre elle et ses patrons. Elle me dit aussi qu'elle était «gentille», adjectif que je n'aime pas car il est bien vague et presque péjoratif. Elle ajoute pourtant qu'elle avait du caractère et que ses patrons s'en accommodaient très bien car elle était droite et d'humeur égale. Ils étaient eux-mêmes des gens directs et restés simples malgré leurs relations haut placées en politique. (Le Docteur L... était maire et sénateur, certains ministres fréquentaient la maison). En dehors des réceptions, quotidiennement, Monique mangeait à table avec ses patrons et ils appréciaient tous cette situation.

Elle me précise qu'elle s'absentait tous les 15 jours (son week-end de congé) pour aller chez ses parents à Pantin. Là, elle retrouvait ses sœurs et son fils qu'ils élevaient depuis l'âge de 5 ans.

Je n'en apprends pas beaucoup plus, mais je peux visualiser les lieux où elle a vécu. Ils me permettent de l'imaginer en train de faire son travail dans ces pièces très confortables. Elle entretenait entièrement la maison, faisait la cuisine et toutes les tâches nécessaires chez des personnes déjà âgées.

Elle avait adopté le chat qu'elle gâtait au point qu'il avait pris l'habitude de monter coucher sous son lit dès qu'il repérait qu'elle était sous ses draps ! Par contre, elle n'avait aucune attention pour le petit chien de sa patronne. Elle le rabrouait et ne manquait pas de dire qu'elle le trouvait stupide ! Tous souriaient de ce parti-pris.

Puis, cette dame me dit qu'elle attend son fils, je vois qu'elle est pressée et que c'est le moment de la laisser. Je n'oublie pas qu'elle a 90 ans ! Notre entretien a été rapide. Quelques mois plus tard, toujours sans rendez-vous, je retourne la voir car j'espère avoir un peu plus d'informations. Mais elle n'est pas visible cette fois. Je rencontre alors son fils.

Il était adolescent à l'époque, il connaissait peu Monique. Il m'apprend seulement qu'elle a été très malade à la fin de sa vie. (Je m'apercevrai plus tard qu'ils n'avaient pas eu connaissance de son décès ni de celui de Philippe).

Début 2019

Décidée à reprendre mes investigations du côté de mon frère, je parcours à nouveau les pages blanches d'Ile-de-France afin de trouver des personnes portant son nom et son prénom et ayant une mère prénommée Monique. Sur la cinquantaine d'appels que je passe aucun ne correspond à ma recherche. Je me décide alors à téléphoner à la mairie d'Antony en espérant ouvrir une nouvelle porte. On m'apprend que Philippe B est décédé en 2004 et on m'indique qu'il est enterré au cimetière de Lagny.

Je m'y rends et j'y trouve bien un Philippe B… né en 1953, décédé en 2005. Si l'année de sa naissance est bonne, celle de son décès est inexacte. Incroyable ! Je me dis alors que la réalité dépasse vraiment la fiction ! En voyant ma déception, la conservatrice du cimetière me propose alors de faire elle-même des recherches. Un mois plus tard, elle m'indiquera qu'il y a un autre Philippe B... enterré à Thiais dans le Val-de-Marne.

La mairie d'Antony s'était trompée de personne. C'est ça parfois l'Administration !

Ma première visite au cimetière de Thiais me permet de m'assurer qu'il s'agit bien de lui cette fois. C'est un endroit immense où l'on se déplace principalement en voiture. La surprise de la découverte de sa tombe me fait refouler tout autre sentiment, je ne parviens pas à me recueillir et je ne m'attarde pas, je sais que je reviendrai. Il me faut du temps pour me remettre de cette dernière émotion particulièrement forte.

Je reviens quelques mois plus tard, à la Toussaint, jour qui me semble propice pour rencontrer des personnes de sa famille. C'est là, en effet, que je rencontre Béatrice, sa dernière amie, accompagnée de sa fille. Elle me retrace la vie de Philippe en quelques mots, m'envoie des photos dans l'après-midi même ainsi que le numéro de téléphone de la fille de Philippe, ceux de Denise et Josette, les deux sœurs de Monique. A leur tour, elles vont me communiquer de précieux renseignements sur ma famille du côté maternel.

RECHERCHES DU CÔTÉ DE MON PÈRE

2020 - 2021

En ce début d'année, ayant épuisé les ressources qui devaient m'apporter quelques réponses concernant ma mère et mon frère, je décide de me lancer à nouveau à l'assaut des pages jaunes. Mon idée, cette fois, est de partir du nom de mon père biologique et de contacter des homonymes, si j'en trouve.

Quelques années auparavant, j'avais lu des informations précises sur les documents consultés lors de mon rendez-vous avec l'assistante sociale. Il y était noté que mon père avait résidé à Aubervilliers. Je passe quelques centaines d'appels téléphoniques au hasard dans cette ville et un beau matin, suite aux renseignements que je lui communique, un homme m'annonce qu'il est un de ses petits neveux éloignés. "cette personne est décédée depuis 4 ou 5 ans", me dit-il.

Je me culpabilise : si j'avais été moins lente dans mes investigations j'aurais peut-être pu arriver à ce résultat avant que tout le monde ait disparu !

Ce Monsieur m'apprend également que mon père a eu 11 enfants mais que lui personnellement n'entretient aucune relation avec eux. D'un seul coup la vision d'une tribu m'apparaît ! Il me donne un numéro de téléphone qui serait celui d'un de ses fils. Finalement, pour ajouter un peu plus d'amertume à ces nouvelles peu réjouissantes, il m'annonce : «il n'y a aucun héritage à espérer». Sans me montrer désagréable, je lui réponds que ce n'est pas l'argent qui a motivé mon appel, et je me mets à espérer tout de suite que toute la famille n'est pas aussi sèche et vénale ! Je raccroche un peu déçue mais je décide quand même d'essayer de déchiffrer cette énigme (même si je me dis une fois de plus que décidément j'arrive toujours en retard).

Plusieurs mois après, je prends mon courage à deux mains pour appeler le numéro en ma possession et juste avant de téléphoner, je mets au point une stratégie, ce qui n'est pas dans mes habitudes ! Elle consiste à dire à mon interlocuteur que je suis en contact avec une personne qui, pour des raisons privées d'ordre généalogique est désireuse de vérifier s'il existe un lien de parenté entre lui et M. Ba… Il s'interroge sur ma démarche, ne la comprend pas très bien mais veut bien admettre que je ne puisse lui donner aucune explication supplémentaire sur cette simple question d'état civil qui ne l'engage pas. Le contact avec lui est fructueux : il me confirme les informations qui sont en ma possession afin que je ne me trompe pas de personne. Il s'agit bien du fils de M. Ba…. . Il a environ 60 ans et il réside à Nogent-sur-Marne.

Je ressens tout de suite son envie de parler de son père. Je le laisse dérouler son histoire sans l'interrompre. Il m'annonce avec une certaine fierté qu'il était un homme assez occidentalisé. Il ignorait les détails de sa vie avant son mariage, mais il se souvenait qu'il rentrait toutes les fins de semaine avec un bouquet de fleurs à la maison et qu'il travaillait comme vendeur. Il me précise que toutes les personnes portant ce nom sont obligatoirement de la même famille. Nous restons environ 45 minutes au téléphone et il est d'accord pour me rencontrer. Nous fixons un rendez-vous quelques jours plus tard à la porte d'Orléans où il a ses habitudes dans un café.

Mais le «coronavirus» passe par là et nous sommes en confinement pendant deux mois durant lesquels il m'est impossible de me déplacer. Je pense que décidément le destin ne semble pas être de mon côté. Au mois de mai, (enfin libérée !) je recontacte celui qui pourrait être mon demi-frère, mais il a changé d'avis et il n'est plus disposé à me voir. Il ne me donne pas d'explication. Au ton de sa voix, il paraît contrarié. Je raccroche avec encore une déception supplémentaire. Après mon premier appel, il s'est peut-être entretenu avec ses enfants ou ses frères et sœurs qui lui ont conseillé de ne pas donner suite à ma demande ? Peut-être ne croit-il pas à mon histoire ou a-t-il peur de découvrir un secret de famille ?

Après cette nouvelle contrariété, je m'interroge sur la nécessité de poursuivre mes recherches. Je vais attendre un moment plus propice. Je veux me sentir prête intellectuellement pour affronter le moment où j'essaierai de forcer une nouvelle rencontre avec lui. A ce moment, un deuxième confinement survient et repousse encore ma décision d'agir.

Je suis confortée par le fait qu'entre mes 2 appels, quelqu'un de mon entourage avait pu confirmer l'identité de mon père. Il m'avait précisé sa date et son lieu de naissance, son adresse et la date de son décès, le 6 juin 2013. Il m'avait donné aussi l'adresse d'une femme dont j'avais lu le nom sur le dossier de l'Assistance et qui correspondait au nom de famille de ma mère. Peut-être une autre piste ?

RETROUVAILLES

2021

Ayant les coordonnées des sœurs de Monique, je m'aventure à joindre l'une des deux, Josette, au téléphone. Je lui demande si elle a bien un lien de parenté avec Monique B... et je lui annonce tout de suite que je suis sa fille. Elle est très surprise, c'est un choc, il est clair qu'elle ne s'attendait pas à une telle révélation. Je comprends qu'elle me croit d'emblée et qu'elle ignorait mon existence. Je la sens sincère. Elle m'avoue cependant qu'il lui semble avoir entendu à mon sujet une allusion à un séjour fait par Monique chez leur tante à la campagne. (C'est là qu'elle avait attendu la naissance de son fils à la fin de sa première grossesse). Il était question d'une deuxième naissance, de layette. Mais elle n'arrive pas à se rappeler si elle avait bien compris et qui avait colporté ce bruit entendu une seule fois quand elle n'avait pas plus de 8 ans. Tout cela restait flou pour elle. Avait-elle rêvé ou pas cette information ? Personne dans sa famille, pas même sa mère, n'avait jamais parlé de ma naissance.

Nous convenons de nous revoir. Elle souhaite téléphoner à sa sœur pour en savoir plus si possible et pour fixer un rendez-vous avec moi.

Après la rencontre avec Béatrice au cimetière, c'est un deuxième contact positif. Je suis contente, les nuages vont-ils enfin se dissiper ? Je reste malgré tout réservée en attendant la réponse de Denise, sa sœur.

Assez rapidement, celle-ci me rappelle. Elle m'avoue qu'elle connaissait mon existence mais n'en avait jamais parlé à sa petite sœur. Elle n'en parlait pas avec sa mère non plus ! Ses paroles sont douces, je ressens de la compassion dans sa voix et j'ai le sentiment qu'elle m'accepte déjà. Nous convenons d'une rencontre toutes ensemble, chez elle, à Champigny-sur-Marne.

Le jour «J», je me prépare, j'hésite sur ma tenue. Je ne voudrais pas leur déplaire mais il faut que je sois moi-même, sans artifice comme je l'ai toujours été. La route me semble très longue. Par chance, comme un bon présage, je trouve une place de parking tout près de ma destination. Dans la petite allée qui mène à la maison, tout en marchant, j''échafaude un scénario dans lequel je suis l'actrice principale. Ce n'est qu'un début de film et je ne connais pas la direction à lui donner pour qu'il finisse par un «happy end».

Je sonne, j'attends… J'ai l'espoir de trouver un lien tout près, à quelques mètres. Le premier regard, les premières secondes peuvent être déterminantes et permettre de deviner si l'histoire sera belle ou triste.

Au bout d'un petit moment Denise apparaît, elle descend doucement les quelques marches qui accèdent à la maison et s'engage dans l'allée qui traverse le jardin bien fleuri pour m'ouvrir la porte de la grille. A son sourire, je vois à l'instant même qu'elle est déjà contente de me rencontrer. Comme elle ouvre les bras, je comprends qu'elle veut m'embrasser et je l'accepte volontiers, moi qui suis pourtant si peu démonstrative. Elle m'invite à monter, me fait entrer dans la salle à manger où je fais la connaissance de Jean, son mari, et de Josette.

Elles ont préparé quelques photos de Monique dans un dossier. Mon voyage et tout ce temps d'incertitude sont enfin récompensés, je vais pouvoir découvrir à quoi elle ressemble. Elle est grande et mince, elle pose en se tenant bien droite comme à l'époque. J'observe la forme de son visage, ses yeux, ses cheveux, ses lèvres, je ne trouve rien qui me ressemble ou, du moins, je ne le vois pas même si Josette et Denise m'affirment le contraire ! Un sourire retenu et des ridules au coin des yeux lui donnent un air assez joyeux. C'est une jolie femme.

Puis on me donne d'autres photos d'elle, jeune, avec sa mère, (donc ma grand-mère), une autre avec son frère décédé à l'âge de 11 ans, une autre encore avec Denise et Josette où elles sont jeunes filles. Sur un vieux cliché, on aperçoit son père, mon grand-père, décédé de maladie quand elle avait 4 ans, (sa mère s'était remariée quelque temps plus tard, Denise était née 8 ans après elle et Josette 14 ans). On m'explique tout cela. Que ma grand-mère l'avait eue à 22 ans et avait perdu plusieurs enfants, que Monique avait partagé toutes ses épreuves car elle était l'aînée. La vie ne les avait pas épargnées. Les privations de la guerre, le fait qu'elle ne s'était jamais bien entendue ensuite avec son beau-père, que dans la Société les filles n'allaient pas souvent au-delà du certificat d'études et n'avaient guère de distractions et de liberté. Tout cela n'avait pas aidé à lui offrir une enfance et une adolescence apaisées.

Je connais à présent de brefs moments de l'histoire de cette famille qui est aussi un peu la mienne. Je visualise des visages sur de vieilles photos, ils me semblent d'une autre époque, étrangers finalement. Je suis émue malgré tout.

Un moment plus fort encore va me nouer le ventre. Il survient quand je vois le visage de mon frère. Pour moi, c'est lui qui me ressemble ! Ma tristesse augmente quand j'apprends qu'il est mort d'une crise cardiaque, seul dans son appartement, à 51 ans. Alors qu'il avait réussi beaucoup de choses dans sa vie, il avait ses fragilités. Pendant une période très difficile, l'alcool et les soucis avaient fini par le détruire.

C'est sa grand-mère maternelle (donc la mienne aussi) qui lui tenait lieu de mère. Bien qu'il l'adorât, il ne s'était jamais remis de cette réalité. (Monique n'avait jamais voulu non plus lui révéler l'identité de son père).

J'arrive encore trop tard, me dis-je. Je ne saurai jamais si, en ayant eu la chance de nous rencontrer, j'aurais pu l'aider à ne pas sombrer. Son histoire me touche énormément.

Sur la table Denise a préparé des tasses et des assiettes dans l'intention d'un goûter. En dégustant un fraisier, elles me décrivent toutes deux des traits de caractère de leur sœur. Elles ont vécu ensemble à Pantin jusqu'au début des années 50, époque où Monique, jeune fille, a dû quitter l'appartement familial. (Elles se sont donc côtoyées là journellement, une dizaine d'années pour Denise, cinq ans environ pour Josette). Puis, jusqu'à ce qu'elles quittent elles-mêmes la maison dans les années 60, elles ont vu leur sœur un week-end sur 2 pendant ses seuls jours de congé. Monique venait les retrouver à Pantin. Il y avait là sa mère, son beau-père et son fils (que son beau-père avait généreusement accepté d'élever depuis ses 5 ans).

Elle était volontiers dure avec les autres et avec elle-même, abrupte dans ses jugements et ses principes. Personne fiable, appréciée par son entourage proche, elle était aussi une sœur heureuse de les retrouver ainsi que sa mère. Son fils la laissait indifférente, elle ne le câlinait pas. Plus tard, alors qu'il était adolescent, elle refusa même de le laisser entrer chez elle car ses cheveux, (à la mode de l'époque), étaient «trop longs». Selon ses critères, cela ne faisait pas «net».

Des silences douloureux pour chacune s'installent mais les évocations reprennent car les souvenirs ne demandent qu'à être évoqués et entendus.

Son père, d'une famille assez aisée, avait acquis un café-hôtel-restaurant-station-essence à Neuvy-sur-Marne. C'est là qu'elle est née. Ses parents possédaient une voiture, chose rare à l'époque. Au décès de son mari, ma grand-mère, toute jeune encore, avait réussi à tenir seule ce commerce avec l'aide d'une bonne. Elle calait le biberon de Monique dans son lit de bébé pour pouvoir aller se consacrer à son travail, en bas. (Elle s'est éteinte à 101 ans, je garde espoir). Elle avait été une mère affectueuse et dévouée. Ses enfants l'aimaient, ses petits enfants l'adoraient paraît-il. Même si elle n'avait pas appliqué tous les principes d'éducation reconnus à présent, comment pourrait-on lui en faire reproche !

Elles me décrivent aussi des vacances ensemble, des sorties dans Paris, Josette était plus proche de Monique qui la considérait comme sa petite sœur et lui montrait son attachement. Elles s'aimaient beaucoup et cette affection a perduré à l'âge adulte.

Denise évoque le jour où Monique est venue à Pantin avec un homme, «grand et beau garçon» avec un physique plutôt maghrébin. Quand on lui a proposé un apéritif, il a refusé en disant qu'il ne buvait pas d'alcool. C'était probablement mon père. Si elle l'a présenté à la famille, cela devait signifier que leur relation n'était pas juste une histoire d'un soir et que c'était peut-être au contraire une belle aventure. Mais partagée pendant combien de temps ? Personne ne l'a su. Aujourd'hui, pour elle et pour moi, je dis que c'est dommage que mon père se soit transformé en oiseau migrateur ! A t-il seulement été mis au courant de ma naissance ?

Denise est dynamique, parle facilement avec humour et autodérision. Josette est plus dans la retenue, discrète, la douceur de sa voix est comme une caresse à mes oreilles. Dans l'empathie, toutes deux sont chaleureuses et m'ont mise à l'aise instantanément.

Elles semblent également contentes de se replonger dans leur histoire familiale. Elles ont connu bien des moments heureux ! Leurs souvenirs des évènements ne sont d'ailleurs pas toujours les mêmes et nous trouvons cela amusant. A la fin de cette après-midi riche en émotions, nous nous quittons en nous promettant de nous revoir lors d'une prochaine rencontre, si possible avec Béatrice l'ex compagne de Philippe.

(Béatrice viendra chez Josette peu de temps après. Elle me précisera qu'elle ne savait pas comment Philippe avait eu connaissance de mon existence mais qu'hélas il n'avait aucun moyen de me retrouver).

Dehors, avant de nous séparer, Josette me parle d'un récit qu'elle a fait de sa jeunesse. Je me promets d'aller à la Fnac acheter ce petit livre écrit en 2019. Elle y décrit des scènes de famille et y parle de Monique. Quelle drôle de coïncidence d'avoir ainsi des détails auxquels je ne m'attendais pas ! Est-ce vraiment une coïncidence ou encore un petit signe du destin ?!

Au tout dernier moment, elle me dit que je pourrais écrire moi aussi sur mon histoire car, avec tout ce qu'elle touche, toutes ses péripéties, elle est très prenante. L'écriture me permettrait de revenir sur mon enfance, ma jeunesse, d'évoquer mes parents. Prendre du recul me pousserait à parler des difficultés des mères célibataires à l'époque, de m'interroger sur l'instinct maternel, les types de caractères... à mieux comprendre peut-être.

Tout ne serait pas noir dans mon récit. La tragédie laisserait la place à la chance d'avoir trouvé des «bons parents». Je pourrais y souligner le hasard inouï qui m'a souri à la fin. Combien de probabilités pour que je rencontre une personne de la famille le jour de la Toussaint au cimetière ? Il aura fallu si longtemps pour recevoir un coup de pouce du destin dans mes recherches. Mon histoire serait quasi rocambolesque, pleine de larmes, mais elle se terminerait bien. Elle donnerait raison à mon père de cœur pour avoir choisi de me surnommer Sandrillon.

En remontant dans ma voiture je me sens plus légère, j'ai évacué un boulet de mon esprit en visualisant des visages, j'ai nourri mon histoire, remonté le temps et découvert d'où je venais.

Cette idée d'écriture va faire son chemin dans ma tête. En cette fin d'année 2021 je me décide à commencer un travail pour retracer tous ces événements. Je dois attendre que mon activité professionnelle cesse complètement et je préviens Josette qui m'a proposé gentiment de m'aider par ses conseils.

2022

Aujourd'hui, après une autre tentative, au cours de laquelle mon «demi-frère» m'avait laissé espérer un entretien, je n'ai toujours pas eu l'opportunité de le rencontrer, il a à nouveau montré de la réticence.

Il en est de même pour la femme dont le nom correspondait à mon nom de naissance et que j'ai appelée. Agée de 88 ans, elle n'est plus certaine d'avoir connu Monique, les souvenirs qu'elle a de cette période sont confus. Selon les informations que je possède et, selon moi, il est très probable qu'elles se connaissaient. Bien qu'elle me précise qu'elle n'a pas de contact avec cette branche de la famille, elle ne semble pas hostile à ce que l'on se rencontre.

Depuis 2021, j'écris encouragée par Josette qui me montre beaucoup de patience. Jusqu'à quand vais-je continuer mes recherches ?

2023

J'ai éprouvé le besoin d'appeler à nouveau ces personnes qui m'avaient répondu il n'y a pas si longtemps. Hélas mes dernières tentatives sont restées sans espoir de pouvoir les rencontrer ou d'avoir un échange avec elles. Elles ne veulent toujours pas donner suite à ma demande.

J'aimerais que le point final que je mets aujourd'hui ne soit pas définitif. C'est ce que mon caractère déterminé me pousse à affirmer aux lecteurs qui me connaissent et qui ont eu la patience d'arriver au terme de ce livre.

Nos origines communes nous ont permis à Denise, Josette et moi de nous enrichir d'un lien familial chaleureux. Il s'ajoute avec bonheur à l'ancrage plus profond qui me relie, ainsi que mon fils, à Elias et à sa grande famille.

Ce n'est pas seulement pour moi que j'écris.

Essayer de ne pas se sentir coupable de sentiments contradictoires, de colère, n'est pas une chose facile. Je voudrais comprendre pourquoi ma mère biologique m'a abandonnée afin de l'accepter plus sereinement. Pourquoi a-t-elle attendu si longtemps, malgré les lettres de relance de l'Administration qui voulaient la sensibiliser à une séparation officielle plus précoce ?

Nous sommes tous issus d'un homme et d'une femme et les recherches pour connaître notre histoire peuvent être un puits sans fond effrayant. Mettre seulement une image sur un nom fait déjà tellement de bien.

Si on ne peut reconstituer son ascendance, il faut apprendre à y renoncer, «avaler» les échecs, digérer les fausses pistes et continuer malgré tout à supporter la charge d'avoir dépendu du choix d'un seul individu.

Sur le grand chemin de ma vie il y a eu une éclaircie, un espace temps figé dans ma mémoire où l'insouciance de l'enfance a pu s'exprimer et m'a permis de me reconstruire. Je pense quelquefois à ceux qui n'ont pas eu cette chance et je suis peinée pour eux. Ils n'ont pas connu la joie d'avoir trouvé un refuge et celle d'en éprouver de la reconnaissance toute leur vie. Ont-ils pu retrouver ces sentiments qui leur avaient été interdits dans l'enfance ?

Ce qui me restera de cette aventure, c'est surtout une grande soif de liberté que j'ai essayé de satisfaire. Pour me sentir légitime à connaître le bonheur, j'ai dû surmonter de grands obstacles et, par peur d'un nouvel abandon, j'ai connu la difficulté de m'attacher à quelqu'un.

C'est grâce à deux êtres en désir d'amour que je dois d'être là aujourd'hui. Deux personnes qui n'ont pas renoncé malgré les difficultés. Elles m'ont aimée, aidée à avancer. Il faut une grandeur d'âme et beaucoup de courage pour accepter toutes les épines mises sur le chemin quand on prend la main d'un enfant qui n'est pas le sien afin de l'emmener sur la voie de la vie.

Je regrette aujourd'hui de ne pas avoir suffisamment interrogé ma mère et cherché à connaître son histoire personnelle, cela nous aurait peut-être rendues plus complices. C'était une « vraie parisienne» née dans le 13ème arrondissement, elle avait vécu à Paris jusqu'à l'âge de 40 ans. Son départ pour cette campagne isolée fut pour elle un changement trop brutal. Si la nature avait été pour moi un refuge, elle n'y avait trouvé que nostalgie et mélancolie. Peu à peu, elle s'était murée dans le silence et avait même perdu le goût de la coquetterie.

Comment ne serais-je pas admirative des efforts qu'ont fait mes parents pour me suivre alors que mon caractère était si impétueux ! Comment ne pas aimer de telles personnes ? Je n'ai jamais eu l'élan nécessaire pour leur avouer ma reconnaissance. Avec ce récit, bien sûr, j'ai trouvé trop tard le moyen de leur rendre hommage. Je vais rarement les visiter au cimetière. Je préfère les imaginer près de moi, sentir leur présence à chacun des moments de mon existence. Je n'éprouve pas le besoin de me recueillir dans un lieu froid qui est loin de refléter l'environnement où nous vivions.

«Sang donné n'est pas sang accepté». La filiation et le sentiment d'appartenance à une famille se construisent au gré des souvenirs et des moments partagés.

Pour accéder à une certaine sérénité et à un peu de bonheur, ne laissons pas les non-dits et les secrets envahir nos vies. L'homme a su développer la parole et l'écriture, profitons-en !

Mes chers parents, vous m'avez appris l'amour et la reconnaissance.

MERCI A VOUS DEUX.

Pour Pierrot et Poulette

MA SOEUR, ADOLESCENTE DANS LES ANNEES 50

Mon premier contact avec Sandrine eut lieu par téléphone dans le courant de l'année 2021. Avec tact et sans dramatiser, elle m'annonça qu'elle était ma nièce et qu'elle venait de nous retrouver ma sœur et moi !

Cette révélation fut un choc car j'ignorais son existence. J'en restai abasourdie un bon moment... Cependant, au fur et à mesure que je l'écoutais, je me surpris à vouloir chercher un faible écho dans ma mémoire. Réel ou imaginaire, un signe semblait vouloir resurgir de ma petite enfance : quelque chose avait dû être dit un jour devant moi. Mais rapidement, je compris que toutes mes tentatives pour ressusciter ce qui n'était même pas un souvenir ne déboucheraient sur rien. (Je reste d'ailleurs toujours dans le flou le plus absolu concernant cette impression).

Au cours de notre conversation, les paroles de Sandrine me poussèrent immédiatement à me sentir proche d'elle et une dizaine de jours plus tard nous avons pu nous rencontrer.

En la voyant, j'ai tout de suite reconnu en elle l'image de ma sœur décédée il y a 21 ans. Leur ressemblance me sautait aux yeux : leur taille, leur minceur, un visage aux traits réguliers : un nez plutôt petit, des lèvres assez fines, une peau claire.

Leur port de tête et leur sourire les rapprochaient également. Ils étaient autant de signes caractéristiques des femmes «qui savent se tenir», capables d'une certaine rigueur dans l'expression de leurs sentiments mais dont le regard ne se dérobe pas pour partager un échange. Quelques petites rides au coin des yeux désignaient nettement pour moi des personnes non dénuées d'humour. Alors que Sandrine ne se trouvait aucune ressemblance avec la photo qu'on lui présentait, ma sœur et moi avons tout de suite fait le rapprochement. (Si Denise avait pu avoir quelques soupçons de son existence, ils étaient demeurés vagues et sans preuves et jamais elle ne m'en avait parlé).

Nous avions vite sympathisé avec elle. Elle n'était pas dans le jugement ou l'aigreur. Nous comprenions sa demande.

Nous lui racontâmes tout de suite une partie de notre histoire : nous étions 3 filles, nées en 1934, 1942 et 1948. Monique était l'aînée, Denise la cadette, j'étais la benjamine.

Elle avait perdu son père à l'âge de 4 ans et était décédée à 57 ans, amaigrie dans des proportions effrayantes à la suite d'un cancer généralisé qui l'avait fait beaucoup et longtemps souffrir.

Pour moi, le terme de demie sœur n'a jamais rien signifié. J'ignore d'ailleurs presque tout de la branche paternelle de sa famille et des gènes dont elle aurait pu hériter de ce côté. Je ne sais rien non plus de la toute première éducation qu'elle a reçue. Je sais cependant qu'elle avait toujours été proche de sa grand-mère paternelle bien trop stricte dans son comportement, peu encline aux concessions et pétrie de principes bourgeois d'un autre temps. Elle avait fortement subi cette influence.

J'avais quatorze ans de moins qu'elle. On ne nous avait pas encouragées à interroger le passé, à discuter, à nous confier. Elle avait gardé toutes ses blessures sans y faire jamais allusion. Même si nous n'avions pas appris à nous extérioriser par les mots, les gestes ou les embrassades et même si la décontraction n'était pas dans l'air du temps, nous avions bien conscience cependant de notre attachement réciproque. Elle était ma grande sœur au même titre que Denise. Quand nous nous trouvions toutes les trois ensemble, nous pouvions partager des fous rires et des bavardages.

Elle avait aimé l'enfant, puis la jeune fille que j'avais été. Bien que ce soit difficile à écrire ici, je pense qu'en raison de notre différence d'âge je pourrais assimiler son affection pour moi à un amour maternel.

Par la suite, j'avais toujours pu compter sur elle sans qu'elle s'autorise à me poser des questions. C'était une personne honnête, discrète, fiable.

Elle n'avait pas eu la même enfance, ni la même adolescence que moi. Comment comprendre son parcours si l'on n'a pas vécu ces périodes d'avant et d'après guerre ? Les frustrations n'étaient-elles pas si courantes et intériorisées, qu'elles empêchaient certainement de se plaindre pour son compte personnel ?

Comment comprendre son caractère si l'on ne connaît pas son milieu familial ? Peut-on deviner qui elle était si on ne connaît pas son enfance ? La rudesse des temps et des mœurs de l'époque ont dû contribuer à l'endurcir, la rendre inflexible peu à peu.
Je peux me référer à l'époque où, en 1938, à l'âge de 4 ans, elle avait vécu la perte de son père, mort de maladie. Elle fut témoin alors du profond chagrin de notre mère déjà frappée peu avant par le décès d'un premier bébé à sa naissance. Devenue veuve, cette femme, alors

âgée de 26 ans, continua de faire vivre l'affaire (café-restaurant, essence, épicerie) avec succès. Elle était toujours aidée de sa jeune bonne. Elle traversa la guerre sans compter les heures de travail prises au détriment de sa présence auprès de ses enfants. (Monique avait un frère, né 2 ans après elle. Adolescent, il fut trépané à la suite d'un accident et et il mourut à l'âge de 11 ans).

Notre mère s'était remariée à la fin de la guerre et Monique avait 12 ans quand la mort d'une petite fille d'un an 1/2 frappa mes parents.

Tout ce qui s'enchaînait et dont elle était témoin laissait forcément des traces sur elle. Notre mère ne s'autorisait pas à en parler, elle ne pleurait pas, ne se plaignait pas, elle était un modèle de courage pour s'occuper de « ceux qui restaient ». Par cette attitude, elle affichait un renoncement total à exprimer ses sentiments de deuil. Elle enseignait indirectement qu'on pouvait s'amputer du souvenir de ses enfants. On peut imaginer qu'un tel détachement de façade puisse être perçu comme un comportement normal par une enfant et la conduire à une impossibilité de s'attacher à son tour.

En grandissant, Monique s'était heurtée très vite à son beau-père (mon père). Puis il y eut les conditions précaires de logement pour la famille, la place faite souvent aux filles dans la Société (apprentissage de couture pour elle après une scolarité obligatoire jusqu'à 14 ans seulement), les sorties du soir interdites, le manque de dialogue, la difficulté pour trouver un travail puis pour se loger quand elle dut quitter la maison.

A l'époque de ses 18 ans, l'ignorance et un contexte uniquement répressif présidaient à l'entrée dans la vie sexuelle. Les naissances non désirées ne suscitaient pas l'aide et la compréhension qu'on en a de nos jours.

On sait bien tout cela, et de plus en plus, grâce à des témoignages, des livres, des films poignants. Redouter d'être victime potentielle des aiguilles à tricoter, hors-la-loi, fille-mère mise au ban de la Société, on connaît de mieux en mieux les traumatismes psychiques que ces peurs engendraient autrefois.

Compatir aujourd'hui est une chose, une autre était de le vivre.

Bien que rien ne soit plus pareil, on peut lire que plus de 200 000 femmes ont encore recours à l'avortement chaque année en France. On s'étonne que les chiffres restent aussi importants mais on sait qu'une très grande majorité de la Société ne condamne plus ce geste, (du moins on espère ne pas retourner en arrière…).

Aujourd'hui, on s'interroge aussi sur d'autres réalités :

Se peut-il qu'une succession de faits dramatiques arrive à tuer un instinct maternel ? Une fillette peut-elle assimiler une naissance à une source de malheurs, cela peut-il dénaturer chez elle ce fameux instinct ? On dit d'ailleurs maintenant qu'il ne survient pas automatiquement devant un nouveau-né, que certaines femmes en sont dénuées ou ne veulent pas lui donner une place dans leur vie. On s'interroge, on creuse, mais on ne les juge plus comme autrefois.

Et quand l'enfant est là, que la mère le voit, ce sentiment a-t-il déjà pu être tué irrémédiablement, sans espoir qu'il puisse trouver sa place avec le temps ?

Pourquoi Monique a-t-elle toujours caché sa seconde maternité à notre mère ? Cela semble impensable. Ainsi démunie, je veux croire que seule l'Assistance publique pouvait lui venir en aide.

En 1962 la lettre d'abandon qu'elle a écrite semblerait lui avoir été dictée tant elle est administrative, courte et sèche.

Que ressentait-elle face à ses interlocuteurs lors des convocations ? Des rapports montrent qu'ils n'étaient pas toujours bienveillants. Quel poids et quelle influence avaient sur elle l'opprobre, même imaginaire, les pistes qu'on lui donnait, les difficultés matérielles ? (A ce propos, je sais qu'elle a toujours fait face aux dépenses concernant son fils et réglé les sommes modiques demandées par l'Administration jusqu'à l'adoption de Sandrine).

Si être responsable de deux enfants était trop lourd pour elle, pourquoi a-t-elle pris si tard sa décision concernant le placement de Sandrine dans une famille d'accueil ? Ce point est difficilement compréhensible.

Je n'ai jamais vu Monique s'attendrir longtemps devant un enfant. Cette constatation et ce récit sont durs à entendre. Je ne connaîtrai jamais les causes de son attitude et je ne saurai jamais ce qu'elle cachait. D'où lui venait cette carapace qui l'empêchait même de raisonner ?

A l'occasion de ce travail de Sandrine, bien qu'il détaille ce que ma sœur ait pu être amenée à faire et qui me fait du mal, l'attachement que je lui porte s'est régénéré. Il est redevenu très fort et bien vivant. Il me fait regretter de ne pas avoir eu conscience de la nécessité d'abaisser les barrières qui nous empêchaient de nous questionner l'une l'autre pour accéder un peu à nos jardins secrets.

J'aurais pu l'amener à parler de sa jeunesse, la questionner sur son fils... Personne ne lui tendait une perche pour qu'elle décharge son sac. Quelle était notre part d'égoïsme à chacune dans le fait de ne pas chercher à communiquer sur tout cela ? J'y vois, un manque de maturité de ma part et chez elle un interdit absolu. Pour nous deux n'était-ce pas aussi une précaution ? A quoi bon faire remonter des périodes dont on nous avait appris à ne pas percer l'opacité ?

Je suis reconnaissante à Sandrine d'avoir provoqué ce retour sur le passé, déterré ce secret de famille même s'il contient beaucoup de faits bouleversants. Ils le sont surtout pour elle et il était sans doute bon qu'elle essaie de s'en délester pour atténuer leur impact. Elle n'affiche pas de rancœur. Je la vois essayer de comprendre sans juger. Je me réjouis que la vie ne l'ait pas amenée à être dans la plainte, le déséquilibre. C'est tout le contraire d'une telle personne que je vois. Monique aurait sans doute été fière que sa fille ait réussi à tracer sa route. La savoir infirmière lui aurait plu car elle aimait le milieu médical. Elle s'en était approchée en étant en charge du nettoyage des instruments chirurgicaux et des blocs opératoires au sein d'une clinique.

Table des matières

J'ai 6 ans

J'ai 8 ou 9 ans

Monique à 16 ans

Monique à 41 ans

Philippe

Philippe vers 40 ans

Monique, Josette et Denise

Ma grand-mère maternelle
(la mère et le beau-père de Monique)

Mon père

Ma grand-mère

Ma mère

© 2023 Zannie
Édition : BoD - Books on Demand, info@bod.fr
Impression : BoD - Books on Demand, In de
Tarpen 42, Norderstedt (Allemagne)
Impression à la demande
ISBN : 978-2-3224-5379-5
Dépôt légal : mai 2023